# "戏"育童年

## 幼儿园多元戏剧教育实践

王萍　房翠源 ◎ 主编

"XI" YU TONGNIAN

YOU'ERYUAN DUOYUAN XIJU JIAOYU SHIJIAN

东北师范大学出版社

长春

**图书在版编目（CIP）数据**

"戏"育童年：幼儿园多元戏剧教育实践 / 王萍，
房翠源主编. — 长春：东北师范大学出版社，2023.9
ISBN 978-7-5771-0618-2

Ⅰ.①戏… Ⅱ.①王… ②房… Ⅲ.①戏剧教育—教
学研究—学前教育 Ⅳ.①G613.5

中国国家版本馆CIP数据核字（2023）第192175号

□责任编辑：徐小红　　　　　□封面设计：言之凿
□责任校对：刘彦妮　张小娅　□责任印制：许　冰

东北师范大学出版社出版发行
长春净月经济开发区金宝街 118 号（邮政编码：130117）
电话：0431-84568023
网址：http://www.nenup.com
北京言之凿文化发展有限公司设计部制版
北京政采印刷服务有限公司印装
北京市中关村科技园区通州园金桥科技产业基地环科中路 17 号（邮编：101102）
2023年9月第1版　　2023年12月第1次印刷
幅面尺寸：170mm×240mm　印张：15.25　字数：239千

定价：68.00元

# 编 委 会

主　　编：王　萍　房翠源

美术编辑：蔡　娜

编　　委：李姝静　杨可平　张燕飞　杨　娜　蔡　娜

　　　　　赵翠云　陈玉兰　陈秋婵　全少华　黄华燕

　　　　　杨翠华　陈苑媚　梁凤斯　邓村燕　陈艳珍

# 十年磨一剑 戏剧香满园

## （代序）

2014年6月，"儿童戏剧教育国际大会2014"在青藤缠绕的南京师范大学贻芳报告厅举办。我演讲刚结束，王萍园长和她的教师团队就热情地邀请我合影，希望以后能得到我的指导。那时我第一次知道有一个幼儿园叫火炬开发区第一幼儿园（以下简称一幼）。我得知她们一行人来自广东省中山市，2013年才开始起步做戏剧教育。

2022年10月，北京师范大学珠海校区励教楼（中国师范大学–香港浸会大学联合国际学院旧址）教师休息室内的我抬眼望外，满眼的绿色，层层叠叠。王萍园长和房翠源老师主编的《"戏"育童年——幼儿园多元戏剧教育实践》一书映入我的眼帘，一段段富有条理的文字，一张张富有戏剧性的照片交相辉映。

2013年至2022年，整整十载，中山火炬开发区第一幼儿园团队用洋洋洒洒10余万字写出了令她们执着、向往并为之努力的书籍。这是一件多么了不起的事情，这背后凝聚了多少智慧与汗水、勇敢与坚持！

2015年是我举家南迁岭南的第二年，王萍园长在电话中再次热情地邀请我去她们幼儿园指导戏剧教育活动。我依稀记得第一次入园现场，我看到了

一幼团队学习的积极和热情，他们将各种各样的戏剧教育培训所得用于幼儿园戏剧教育实践中，呈现略显拼盘式的样态。于是我给予了有针对性的专业建议：教师应具备一定的儿童戏剧教育理念，并结合幼儿园实际水平，继续以绘本为主要内容来源，建构完善的戏剧主题课程，从而逐步让教师走上戏剧教育理念与实践的专业成长之路。也就是在那一年，我在2015儿童戏剧教育·珠海论坛上首次正式提出了"生长戏剧"范式，并在北京师范大学珠海校区儿童戏剧教育研究中心实验基地—— 一幼实施研究"生长戏剧"之"环境剧场"。

2016年，"儿童戏剧教育国际大会2016"在珠海举办。一幼的《格尼耶》环境剧场视频作为我国的儿童戏剧教育实践成果被展示给国内外同行。其内容包含幼儿游走在环境剧场多个场景中，是游戏，也是表演，打破了大家对于剧场的惯常认知，我由衷地感到欣慰。

2018年，亚洲应用剧场教育研讨会在台湾地区台南举办。正是木棉花盛开的时候，台南和珠海是完全一样的艳丽与自在，偶尔会有木棉花朵在风中飘落，那么直接地落到地上，那样一幅有趣的场景，多么像生长戏剧的自然生长啊……面对熟悉的风景，面对熟悉的同行，我将历时5个学期的生长环境剧场研究作为主要演讲内容一一展示，同时特别褒扬了王萍园长和一幼教师的努力与贡献。

《"戏"育童年——幼儿园多元戏剧教育实践》从戏剧主题课程到环境剧场，从一日活动过渡环节的戏剧游戏到户外游戏中的戏剧生成活动，从亲子戏剧到教师儿童剧团，从教师细致的评价记录到专业发展培训，我再次看到了一幼团队一步步提升的专业水准与精神。

2020年以后，因客观环境的影响，我只能在线上与一幼的教师进行云科研，我们共同开展的幼儿戏剧评价研究项目也即将开花结果。期待这一成果能让一幼在戏剧教育上更上一层楼！

张金梅

2022年10月于北京师范大学珠海校区

# 戏游生长　多元绽放

## （自序）

2012年我开始接任火炬开发区第一幼儿园（以下简称一幼）的园长。一幼是有着悠久历史的老园，在体操、舞蹈、绘画、棋类教育等方面取得了累累硕果，不仅荣获过很多奖项，还开展过六七项国家、省、市级科研课题，教学成果和研究经验都非常丰富。作为新园长，我一直在思考：如何接好这个班，才既能传承幼儿园的特色，又能面向未来？2012年恰逢《3—6岁儿童学习与发展指南》（以下简称《指南》）颁发之际，全国上下掀起了一轮轮对幼儿的学习与发展方式、幼儿园的课程建设的思考与讨论。《指南》的发布进一步冲击了我们对幼儿园课程的理解。如何建设更加符合《指南》精神的幼儿园课程与教育？我和一幼的教师都陷入了困境……

带着思考和困惑，我拜访了市内外的教育专家。专家们向我传递了许多先进的教育理念，并且提供了一些资讯供我参考学习。其中谈到了许卓娅教授在江阴举办的第三届儿童创意戏剧课程理论与实践研讨会、张金梅教授组织的儿童戏剧教育国际大会、王添强老师开展的教育戏剧导师培训等，这些信息一下开拓了我们的思路。戏剧教育是一门综合了文学、音乐、绘画、舞蹈等多学科的综合艺术，其本质是游戏，可以促进幼儿的语言表达、想象创造、交往合作、同理心等多元能力的发展，这正与一幼积淀下来的体艺等特色课程相吻合，又指向每一个幼儿的发展，能使教师的专长合理转型回归教育实践，形成有效的专业发展路径与手段。戏剧教育就如点亮了我们心中的

那盏灯，照亮了我们前进的方向。

找到了戏剧教育的方向之后，该怎样走下去呢？我们首先要通过学习了解戏剧教育的理念和组织实施方法。中山市火炬开发区政府、教育局对我园非常关心和支持，特别重视提升幼儿教师的专业能力，因此，给予教师很多外出培训学习机会。我们有幸带领教学主管和一线教师参加了2013年和2015年的全国创意戏剧大会。通过两次大会学习，我们惊喜地发现，从故事情节的创编，到背景音乐的选择，再到服装道具的制作，幼儿都可以自主完成！这让当时的我们觉得很不可思议。也正是这两次的学习瞬间打开了一幼教师的视野，改变了一幼教师对教育的认识，使一幼教师转变了教育观、儿童观，看到了幼儿是有能力的学习者、主动学习的探索者，重燃了回归教育、回归生活、回归游戏的决心。

于是教师纷纷提出，要结合我园实际，带领幼儿开展创意绘本剧课程。该想法很快得以实施。在这期间，中山市教师发展中心（原教师进修学院）的李姝静老师一直作为我们的指导专家陪伴着我们成长，不仅带领我们搭建戏剧教育园本课程的总体框架，还在各种困境中为我们拨开迷雾，屡屡提醒我们如何回归幼儿为本的实践中。市教体局的魏娴老师也一直带领我们建构课程文化，转变教育理念，给予我们很多课题研究指导意见和建议；张金梅教授此时也来到北京师范大学珠海分校工作，这对于一幼的教师来说是"近水楼台先得月"。从此，张金梅教授成了一幼教师长期的指导顾问，开启了一幼的园本戏剧教育之路。

第一阶段：我们在模仿中学习。第二阶段：我们参考张金梅教授主编的"表达·创作·表演：幼儿园戏剧教育课程"这套书，根据一幼实际情况开始独立建构园本课程。第三阶段：我们在实践中反思如何建构和完善课程体系。经过几年的实践研究，我们带着研究成果又参加了"儿童戏剧教育国际大会2016"，一幼的环境剧场视频《格尼耶》在分会场展播后，得到全场与会人员的高度好评。随后，张金梅教授带领一幼团队继续从"剧本先行、追求演出"的1.0范式发展到"角色先行、生长戏剧"的4.0范式。

弹指一挥间，十年转瞬即逝，其间也遇到了束缚我们成长的问题和困难，但我们始终以课题为抓手，深入研究戏剧教育与幼儿发展的关系，从幼儿园绘本戏剧课程的实践研究到幼儿园戏剧游戏的指导策略研究，再到幼儿园戏剧主题课程多元评价实践研究，随着研究内涵的不断丰富，研究广度的不断拓宽，我们逐渐回归教育的原点、回归幼儿、回归生活，把原本以戏剧教育为特色的教学思想转变为"戏游生长、多元绽放"的完整课程理念。这是我和火炬开发区第一幼儿园教师共同经历的蜕变过程，是一幼课程改革、教育理念不断进步的过程，更是我们从"教导幼儿"到"发现幼儿"的实践探索过程。

由此，我们总结梳理了研究心路历程，有了用文字记录反思表达这一过程的想法。于是，有了本书。我想，本书的意义在于以下几点：第一，记录幼儿园戏剧教育的过程，丰富幼儿园戏剧教育的实践资料和经验。尝试课改之后，幼儿的自主性加强了，有了更多尝试、表达和创作的机会，教师的观念也有所转变。这本书记录了教师对于幼儿在课程中的生长生发、思考感悟、发现探索等，呈现出了较完整的学习过程。第二，把戏剧主题梳理成案例，提炼出策略，可供缺乏经验的教师借鉴，为未来戏剧教育的深化提供参考。

最重要的是，在成书过程中，我们团队的成员和专家们一起相互学习、相互支持，建构了学习共同体。一幼的"戏剧大师"、教学主任房翠源老师积极发挥引领示范的作用，带领教师培训、指导教学实践、组织体验式家长会。同时，我抓住支教帮扶的契机，帮助房翠源老师将我园戏剧教育的理念践行到云南大关县帮扶支教行动中，示范辐射到更多的园所。教学副主任杨可平老师这十年来一直协助我将专家的指导与一幼的戏剧教育实践相结合，带领一幼教师对相关资料进行收集、整理、归纳、反思，再由课题组碰撞后形成园本经验，应用在日常教学中，在改革的路上不断完善。我还要感谢张燕飞、陈玉兰、蔡娜、赵翠云、杨娜、梁凤斯、黄华燕、陈秋婵等宝藏教师对幼儿教育的执着、热爱和持之以恒的研究态度，她们不断克服困境，感受着幼儿成长的喜悦，分享着戏剧研究的每一个成果。没有她们的教学实践，就无法形成今天的研究成果，更无法形成以幼儿为主体，自信、合作、开放、包容的幼儿园文化。

　　苔花如米小，也学牡丹开。我深知我们的探索和书中的总结对于浩瀚的戏剧教育和幼儿教育研究领域而言是沧海一粟，但是作为扎根于一线的幼儿教师，作为一群有梦想、有追求、有智慧的幼儿教师，对十年如一日耕耘的课程和不断的反思实践进行总结梳理，形成个人朴素的"以幼儿为本"的教育哲学观，是我们职业生涯和专业发展中的大事。

　　感谢各位教师一同构建了一幼多元戏剧课程。

　　愿每一个幼儿都拥有充满生长力量和奇妙幻想的童年！

王　萍

2022年11月于火炬开发区第一幼儿园

目 录

绪 论 游·悦从这里开始

第一章 戏剧主题课程研究：融汇五大领域

第二章 环境剧场的建构与实施

# 绪　论

# 游·悦从这里开始

中山火炬开发区第一幼儿园始建于1992年，是一所隶属于中山火炬开发区的公办省级示范幼儿园。30多年来，幼儿园一直致力于探索和建构适宜的课程。建园之初，我们强调建设"体艺"特色课程，特别是在幼儿美术、亲子阅读、体操、舞蹈、"四棋"等方面都形成了一定的特色。

随着幼儿园的发展、教师专业水平的提升以及人们对幼儿身心发展规律理解的不断提高，我们意识到幼儿园课程的持续发展及幼儿园品牌的创建必须以幼儿为本、以游戏为基本点。《幼儿园教育指导纲要（试行）》和《3—6岁儿童学习与发展指南》强调，幼儿的学习是有其规律与特点的，尊重幼儿的学习方式，创造一个充满爱和尊重的、富于理解和激励的、宽松而安全的、积极互动的环境，引导幼儿在生活与游戏中快乐地动手动脑、感知体验、交往合作、探索创造，是保证幼儿学习的最好条件。幼儿园单一的"体艺"特色亟待从"幼儿为本""游戏为本"的发展视角重新审视、建构和发展。

## 一、美丽邂逅，"戏"育童年

戏剧教育是促进幼儿全面发展的综合艺术。幼儿天生喜欢表演、喜欢听故事、喜欢被人关注，每一个幼儿的身上都蕴藏着戏剧的潜力，戏剧是幼儿表达的方式、手段之一。在戏剧活动与表演中，幼儿有充分的机会认识自我，练习使用肢体和声音表达与交流，锻炼沟通技巧，提升综合素质。戏剧对幼儿的影响体现在认知、语言、情感、艺术性和社会性等多个方面。从本质上来看，戏剧也是游戏，其自由、自主、自娱自乐的精神与自发、自主、自由的游戏精神不谋而合。戏剧本身具有游戏性和儿童性，与幼儿热爱幻想、喜欢亲身体验、情感丰富等身心发展特点相契合，在课程的传承、创新、整合中，戏剧教育为幼儿提供了更好的生长点。

绘本是幼儿想象的支架，是一种来源于生活，充满着爱与想象，还能传神地表达生活智慧的读物。绘本精美的图画、丰富的内容、多样的叙事方法符合幼儿的认知特点，能充分满足幼儿兴趣。实际上，绘本与戏剧有相通之处，戏剧活动让幼儿的天性得以释放，而丰富的绘本资源则为幼儿的戏剧活动提供了蓝本和创意源泉。幼儿喜欢"假装"游戏，喜欢装扮，喜欢音乐，喜欢引人注目，甚至喜欢话筒发出的声音，而这些在演绎绘本剧的过程中能一一得以满足。真实的表演与多种感官结合使幼儿更加直观地理解和表达绘本的内容，从而达到促进幼儿全面发展的目的。

### （一）戏剧作为游戏对幼儿发展的价值

在戏剧活动中，幼儿是教育的主体，是活动的主动建构者及参与者。好的戏剧活动使幼儿犹如参加一场开心无比的游戏，犹如参加一次酣畅淋漓的娱乐，能感受到戏剧的愉悦、轻松、舒畅。

戏剧不仅来源于绘本、来源于生活，而且在游戏中生成，在游戏中生发和评价。每一个幼儿的身上都蕴藏着戏剧的潜力。这种自由、自主、自娱自乐的戏剧活动对幼儿的发展有着重要的价值，不仅能发展幼儿的想象力、创造力和交往合作能力，而且能促进幼儿情感、个性健康发展。

例如，在讲完绘本故事《小兔子乖乖》之后，教师在引导幼儿理解故事内容的基础上，鼓励幼儿结合自身的生活经验自由发挥想象，幼儿大胆模仿大灰狼在森林里走路的样子，有的抬头挺胸、大摇大摆、嚣张狂妄；有的弯腰弓背、蹑手蹑脚，小心翼翼地寻找猎物；还有的东张西望、轻松随意地散步……对大灰狼不同的理解和想象激发了幼儿肢体动作的创造性表达，对大灰狼说话的表情及声音的模仿让幼儿更好地体会了大灰狼的狡猾和凶恶。仔细分析，这些想象大多有生活的影子，有的是模仿动画片里的角色，有的是模仿生气的爸爸妈妈，但是，每一个模仿又经过了幼儿想象的加工，幼儿结合故事情境和他们对大灰狼的理解进行"改编"。比如，有的幼儿说："大灰狼应该是四脚着

地走路的" "大灰狼好几天没吃饭了，饿得走路都走不稳了……"。通过表演，幼儿深入了解了大灰狼这一角色的特征和复杂的故事情境。而在这个过程中，幼儿不仅仅发展了理解力、表演力、想象力，还发展了反思能力、创造力等。

### （二）戏剧作为教育方法对教师成长的价值

教师作为幼儿园多元戏剧课程行动研究的重要因素，在研究的过程中，从教育理念到理论再到实践都得到了成长。

首先，通过戏剧，教师转变了教育观、儿童观、课程观。教师的角色由戏剧活动的主导者转变为幼儿学习的观察者、协助者、推动者及引导者等。教师和幼儿之间建立了平等的、合作的、共同成长的关系。教师不仅与幼儿互动，还扮演各种角色。教师既有真实的一面，又有虚构的一面，不同身份的转换是绘本戏剧课程中教师与幼儿互动的重要策略。比如，在大班环境剧场"小猪闹闹的家"中，教师戴上头饰扮演"小猪"的"妈妈"，此时"妈妈"正在打扫卫生，可是"小猪"们忙着玩。"妈妈"说："这个淘气的闹闹又不知道去哪里玩了。"教师通过装扮及使用道具等形式扮演特定情景中"妈妈"的角色，以引导者、推动者的身份引发幼儿认同所扮演的角色，关注角色的内心，为"闹闹接下来去哪里玩"这个情节的创作做好准备。

在绘本戏剧课程中，教师不再是能干的编剧、导演、场务及各种角色等，对于绘本的选择、表达和表现不再大包大揽，而是让幼儿自主选择绘本、确定戏剧主题。教师通过戏剧策略引导幼儿自由表达、自主创作、自发表演。以前教师很忙，很多事都亲力亲为，累了自己，也使幼儿失去了思考能力及动手能力；现在教师仍然很忙，但是忙的是观察理解幼儿，忙的是感受和欣赏幼儿的点滴成长。使幼儿变得多才多艺。教师是观察者、记录者、合作者、研究者，这样才能最终成为更专业的幼儿教师。

其次，通过戏剧，教师提升了一日生活的组织管理能力。一日生活的组织管理能力是幼儿教师专业能力的重要体现。一些教师会为管好30多个幼儿的吃喝拉撒耗尽心力。而戏剧意识和戏剧策略的引入改变了教师组织一日生活、开展班级管理的观念和做法。教师根据幼儿的年龄特点及生活经验、活动内容的需要、戏剧游戏的戏剧性，开发与创新了想象游戏、控制游戏、专注游戏等原创戏剧游戏，充分调动了幼儿的兴趣，并将其贯串于幼儿一日生活中的各个环节。

例如，教师带着幼儿外出散步，当幼儿散漫、无秩序地跟在教师后面时，教师组织幼儿玩起了"谁轻谁重"的戏剧游戏。在游戏中，幼儿跟随教师的口令转变角色做出轻、重脚步的转化动作。当教师说"大象来了"时，幼儿模仿大象走路，以重重的跺脚动作表示重；当教师说"小鸡来了"时，幼儿即刻模仿小鸡，踮起脚尖走路表示动作轻。在集体外出排队时，教师说："我们开火车吧，今天收拾玩具最快的小朋友做火车头。"在火车行驶过程中，每一节车厢（排队的小朋友）应该怎样做？一个接着一个、头和眼睛朝同一个方向、动作保持整齐划一……戏剧游戏提供给教师有效组织过渡环节的途径，让过渡环节衔接自然、形式有趣。

最后，通过戏剧，教师提升了设计和实施课程的能力。对于戏剧教案的设计，教师总结提炼了有针对性和参考价值的方法，并能根据自己的教学风格和教学策略设计戏剧教学活动，不再被固有的戏剧活动模式所束缚，而是基于原有的戏剧策略，根据自己的能力、教学风格、活动主题等，灵活地加以改变，创生出新的戏剧策略。我园的一位教师在戏剧公开课"永远永远爱你"展示活动中运用到了"良心巷"的戏剧策略，请幼儿为绘本中的小恐龙良太选择是和亲生恐龙爸爸还是和慈母恐龙妈妈一起生活。出乎意料的是，几乎所有幼儿都选择了使和"亲生恐龙爸爸"在一起生活。这种一边倒的选择意愿与教师原本预设的情况不同，难道幼儿们就不顾念慈母恐龙妈妈？于是，教师马上灵活改变教学环节，扮演记者采访幼儿选择的原因。有的幼儿说，恐龙爸爸很孤单，需要良太的陪伴，而慈母恐龙妈妈还有光太的陪伴；有的幼儿认为良太是食肉恐龙，和食肉的恐龙爸爸在一起更合适；有的幼儿很笃定地说，那是爸爸呀。……听完幼儿的分享后，有教师说："其实孩子都明白，善良的他们会做最大的协调，不论如何选择，他们已经感受到了亲情与爱，学会了感恩。""良心巷"和"采访"策略相结合，帮助幼儿进一步厘清和表达了自己对绘本角色的情感的理解与感受，而教师也理解了幼儿思考问题的出发点和特点，对幼儿兼具情感和理性的问题解决能力有了新的认识和感悟。

### （三）戏剧作为育儿方法对家长成长的价值

家庭是幼儿展开戏剧想象的重要来源和舞台，家长是幼儿天然的戏剧搭档。为了让家长理解戏剧教育，我们在家长开放日邀请家长与幼儿一起玩戏剧游戏，让家长通过亲身体验感受戏剧教育对幼儿的专注、感知、想象、言语、情绪、智能等多方面的发展价值。随着对绘本戏剧课程的深入了解，家长改变了传统的育儿观，不再关注幼儿认识了几个字，而是关注幼儿社会性、审美性、创造性等多元能力的发展。家长也逐渐认识到戏剧不是想象中难以接触的高雅艺术，原来在家里就能和幼儿参与其中并享受其中。这不仅仅保护了幼儿身上的灵性，也让家长释放了压力，让他们重新回归童年，找到自己。

过去，多数家长因为要支持幼儿的舞台演出而在家和幼儿排练戏剧。而现在，越来越多的家长习惯于在家和幼儿"即兴扮演"，题材也日益丰富。比如，有的演最近常和幼儿读的绘本故事《逃家小兔》，有的演幼儿爱看的动画情节"救援掉进海沟的蓝猫"，有的演一段生活中发生的事件，有的模仿抖音里的搞笑片段。2020年年初，在居家的日子里，很多家长和幼儿在家就地取材玩扮演游戏，如用锅碗瓢盆舞龙舞狮、用扫帚床单扮演巫师仙女……戏剧不仅成为亲子沟通的基本手段，更成为调节家庭氛围的重要方式，同时帮助幼儿发展了综合能力。在特殊时期，戏剧成为安抚幼儿心灵、帮助幼儿对抗挫折的有效载体。

一位小班幼儿的妈妈曾感慨地说："亲身的参与及体验让我深刻地感受到戏剧教育不只是演戏，更是为孩子提供了一个同伴合作、语言交流、想象创造的舞台。孩子通过扮演'他人'，体察'他人'的情绪情感，在真实的戏剧情境中自主想办法解决问题，接纳他人。"


## 二、反思溯源，"戏"说理论

在戏剧实践的探索过程中，我们不断寻求理论支持，常常反思：为什么要开展戏剧教育？戏剧教育的根本目的是什么？对于幼儿来说，戏剧意味着什么？对这些问题的思考和讨论让我们更加明确了戏剧实践的方向。

### （一）哲学理论基础：西方后现代主义哲学批判和东方"天人合一"的哲学智慧

西方后现代主义哲学的出现是现代性发展到一定阶段，人们对现代性存在的弊端进行不断反思并寻找解决方法的结果。后现代主义哲学观并没有否认现代性带来的丰富的物质文明和精神文明，但是毫不留情地指出了"现代主义的一元论、绝对基础、唯一视角、纯粹理性、唯一正确的方法"所带来的负面影响。这对我们的教育来说也是有力的变革方向和动力。后现代主义哲学的合理性为我们点亮了思想：不能以牺牲事物的丰富性为代价而获得所谓的唯一性，教育应该是丰富的、有生命力的；反对权威性话语，反对文化复制的标准化、统一化，教育应该是教师和幼儿共同构建的、多元的；反对用先验的假设作为自己论证的手段，主张生命的、情感的、非完整性的叙事方式，即教育是教育主体的一种亲身经历、体验和探索。而绘本戏剧课程正是一种教师与幼儿共同运用戏剧符号去表达、创作、表演的课程，是外化幼儿对自我和周围世界丰富的、多元的、富有生命力的理解和思考，而不是那种机械复制的、单一的、毫无生命力的东西。

最初，我们对儿童戏剧的理解可能是日常重复不断地排练，想着办法让幼儿听指挥，按照教师预先安排好的角色、站位和台词"完美"演绎书本中的故事。那个时候，教师是敬业的，幼儿是辛苦的，但是我们很少会去思考：幼儿自己是怎样想的？他们在这一次次的排练中获得了什么？一次次大大小小的演出结束后，留给幼儿的是什么？其中教师的作用是什么？"教育"中人与人互动成长的真谛体现在哪里？在不断的理论分享和追问中，我们逐渐意识到：戏剧不是成人自己一厢情愿的独角戏。在《牙齿大街的新鲜事》中，孩子们喜欢扮演"牙牙菌"，尽情施展破坏力，满足自己"恶作剧"的趣味，同时表达了对"蛀牙"的恐惧；在《彩虹鱼》中，孩子们喜欢一遍又一遍地重复表演赶跑鲨鱼、勇救同伴的戏码，完全不顾剧情老套、重复得近乎"机械"，那是因为他们每个人心中都有扶弱济困、对抗邪恶的英雄梦。

戏剧的本质是每个人对生命、生活的理解和表达，每个幼儿在表演过程中都有机会表达自己的想法、表明自己的意图，并且参与讨论每一段戏。我们认

为，共同建构的过程才是真正的戏剧教育，因此不论戏剧的教育性或艺术性，最后都应该统一到"儿童性"中来。

我国美学家滕守尧论述过东方哲学"天人合一"。东方哲学"天人合一"的智慧触发我们对幼儿、戏剧、戏剧教育做进一步的深思。幼儿不是"小大人"或"小祖宗"，他们是具有自己独特价值的生命体；幼儿不是被动地接受戏剧知识和技能，他们把戏剧看作自己的生命活动，他们把戏剧当作自己和自然、社会的对话与交流，他们喜欢用戏剧表达自己内心的声音；幼儿不是戏剧教育要改造的对象，他们需要戏剧教育为对话、交流、表达营造一个良好的环境，他们就是戏剧教育的主人；幼儿和戏剧教育中的教师不是对立的关系，而是"主体之间"或"关系中的自我"的人我和谐关系。

### （二）教育理论基础：杜威的进步主义教育思想

杜威的"儿童中心论"是西方儿童戏剧教育主要的理论基础。戏剧教育既是天然的、实现"儿童中心论"的最好的方式和途经，也是"做中学"最好的体现。"儿童中心论"强调"每一个人都是自我表达的个体"。幼儿和教师作为幼儿园戏剧活动有效实施的主体，他们通过戏剧表达自己对世界的看法，他们的语言、动作、表情都是他们心灵深处情感的外化，不受他人的干扰和限制。"教育就是经验的改造或改组，既能增加经验的意义，又能提高指导后来经验进程的能力。"戏剧是经验改造的一种手段，正如戏剧教育学者郑黛琼所说："戏剧在教育环境中的运用，正因其透过戏剧的角色模仿生活环境、人的感情、激起的创意而得以产生经验的特质。"

例如，在幼儿的认知中，小班幼儿知道"小嘴巴吃饭菜，饭菜掉进肚子里"，大班幼儿知道"食物有多种营养，肚子可以帮助我们消化食物"。但食物的营养究竟是靠什么吸收的，又是怎样吸收的呢？带着强烈的疑问和好奇，大班幼儿在戏剧主题活动"肚子里有个火车站"中开展了一系列有趣的探索。他们在剧场中搭建了"口腔""咽""食道""胃""小肠""大肠"和"肛门"等小场景。当"食物火车"到达"小肠"站时，"小肠壁"会喷出"消化液"，还有用小胶管模拟的"小肠绒毛"吸收营养。通过学习和戏剧表演，幼儿更加直观、形象、科学地了解了消化系统。

"儿童中心论"与戏剧的自我表达、戏剧活动与经验改造之间的联系为幼儿园绘本戏剧课程的有效实施打开了一扇窗。它能使幼儿成为自己戏剧的创作者，使他们有自己的装扮、自己的舞台、自己的音乐音响和自己的剧本。

### （三）戏剧教育理论基础："生长戏剧"教育理念

"生长戏剧"范式是将戏剧看作幼儿身体与戏剧情境相互作用"生长"而出的结果。幼儿在情境中将角色生长、情节生长和话语生长依次螺旋式延展，最终在环境剧场中丰富和完善自己的戏剧作品。

"生长戏剧"以身体为本源，以角色生长为开端，顺延情节生长和话语生长。角色的生长依赖于情境的激发。由动作、装扮、语言、音乐、场景创设的情境激发幼儿的角色意识，促进角色生长。在角色生长之后，情节就水到渠成了。而情节的生长不再依赖于已有的故事文本，更多的是角色进入待定情境中，由焦点生发冲突，并在一定氛围中解决冲突。"生长戏剧"也将角色话语视为一种生长的过程，没有记忆、背诵的负担。角色话语的生长在特定情境中，伴随着角色的不断深入、情节的不断生发。教师可通过"教师入戏""坐针毡"等戏剧教学策略促进幼儿话语的生长。环境剧场作为"生长戏剧"的自主延展空间，将幼儿获得的新的戏剧经验加以整合、提升，是"生长戏剧"繁荣生长的一个阶段。环境剧场还可以延伸出多样化的剧场活动，如亲子剧场、社区剧场等。

## 三、点滴历程，"戏"现成长

对幼儿园戏剧教育的认识不是一蹴而就的，从2013年11月起，我园对幼儿园绘本戏剧课程进行了探索，共经历了4个发展阶段。每一个阶段都体现了幼儿园教师的儿童观、教育观的变革和存在的局限，每一个阶段的推进都促进了幼儿园教师的自我反思、自我调整。从一个个体到一个课例，再到一个班级的调整及全园教育教研观念制度的建设，最后到家长的参与、与家园沟通的磨合与探索，我们在每一个阶段的实践和总结中不断蜕变和成长。

### （一）儿童创意绘本剧表演研究（2013年11月—2014年7月）

研究之初，我们更多地专注于艺术领域对儿童绘本剧创作与表演的研究。我们以绘本为蓝本，用各种方法鼓励幼儿与教师一起创作、编排、参演，幼儿的戏剧表演能力和艺术能力得到了发展。但是，我们发现：为达到更好的视听效果，教师加班加点采集音乐，制作布景、服装、道具等。在这个过程中，我们重结果、轻过程；教师投入多，幼儿参与少；重复排练多，创意表现少；家长投入多，幼儿思考少。如何才能真正实现既"以幼儿为本"又发展幼儿综合能力的绘本戏剧课程成为我们这一阶段的困惑。

### （二）集体绘本戏剧活动研究（2014年9月—2015年7月）

反思第一阶段，我们认为，戏剧作为教育的载体，它不应仅仅局限于艺术领域，而应渗透在五大领域之中；戏剧只是教育的手段而非目的，幼儿才是戏剧教育的主体和受益人。于是，我们吸收了戏剧教育导师王添强老师的教育戏剧理念，根据所选用的适合各年龄段的绘本内容，深入学习与研究戏剧教育、戏剧技巧及教案的编写。在这个过程中，我们发现戏剧的内容和形式有助于课程目标的实现与课程的组织、实施，但戏剧仅仅成为一种服务于教育目的的手段，沦为"附属品"，没有体现出其最本质的属性——戏剧艺术。如何使幼儿戏剧教育兼顾本质论与工具论是我们这一阶段的困惑。

### （三）基于"生长戏剧"的幼儿园戏剧课程研究（2015年9月至今）

专注于艺术领域的儿童创意绘本剧忽略了教育性，而涉及五大领域（健康、语言、社会、科学、艺术）的教育戏剧技巧性又太强，欠缺了戏剧的艺术性本质。两种模式各有利弊，经过多方比较与选择，我们借鉴张金梅教授编写的"表达、创作、表演——幼儿园戏剧教育课程"系列，以绘本为载体，开展了绘本戏剧主题活动，在幼儿阅读、理解、表达绘本的过程中实现戏剧艺术性与教育性的整合。

最初，我们"移植"教参中的戏剧主题，模仿学习戏剧主题课程的设计与实施过程，将戏剧主题活动分为导入、戏剧表达、戏剧创作、戏剧表演4个阶段。导入部分为幼儿的生活经验和表达经验做了铺垫，体现了戏剧的教育性；戏剧表达和戏剧创作阶段运用了大量的戏剧技巧和策略来渗透艺术性；最后的戏剧表演阶段以舞台剧的形式来呈现，将戏剧主题的经验加以总结、提炼和深化。例如，大班绘本戏剧《海底总动员》，在戏剧导入阶段，教师通过图片、实物、视频等方式，让幼儿了解海底生物的典型特征，为后期的表达、创造、表演做经验铺垫；在戏剧表达阶段，教师引导幼儿用肢体与表情、言语与声音等方式大胆表现水草、贝壳、尼蒙等角色；在戏剧创作阶段，教师鼓励幼儿大胆想象，创作情节，丰富对话；在戏剧表演阶段，教师引导幼儿自主选择喜欢的角色，并扮演好自己的角色，与其他角色交流，与观众互动，根据音乐或旁白提示有序上下场。

图0-1 《海底总动员》课程树

在这一阶段，我们通过绘本戏剧主题的形式实现了教育性与戏剧艺术性的整合，但是以教师的预设和引导为主，课程实施按部就班地跟着计划走，一个主题下来，教师和幼儿都少了许多创作和表演戏剧的激情和乐趣。在戏剧主题中如何尊重幼儿的兴趣，保护幼儿的戏剧天性，凸显幼儿身体与虚拟情境的互动及剧场的开放性和多元化又成为我们新的研究课问题。

幼儿园的戏剧教育理念和实践逐渐引起了其他幼儿园及外界的关注。2015年，在珠海的戏剧论坛会议上，张金梅教授邀请王萍园长到现场分享学习感悟。张金梅教授评价我园的戏剧教育课程已走在了广东省乃至全国的前列，并把我园选为"生长戏剧"实验基地。

在张金梅教授的指导下，我园教师对戏剧教案的编写、戏剧活动目标的设定、环境剧场的建构、戏剧主题活动的设计等有了更加清晰的认识。在这一阶段的绘本戏剧主题活动中，我们更加尊重幼儿的艺术表达和创作，让其个性得到充分发展；我们更加注重幼儿身体与戏剧情境的互动，幼儿在情境中将角色生长、情节生长和话语生长依次螺旋式延展，最终在环境剧场中丰富和完善自己的戏剧作品。

目前，我们在积累梳理各类戏剧教育理论与实践的基础上，逐步形成了有特色的戏剧课程体系。我们探索戏剧主题生成课程，在一日生活各个环节渗透日常戏剧游戏，关注室内外自主游戏中的戏剧想象与表达，鼓励家长共玩亲子游戏，成立成人演戏给幼儿看的儿童剧团……从单一的集体教学到丰富的戏剧游戏活动形式，再到各类戏剧活动相互呼应和连接，我们探索了幼儿园开展戏剧教育的多元途径和方式。

2016年，在珠海戏剧教育国际大会的专题分论坛"环境剧场／儿童剧场"中，我园环境剧场视频《格尼耶》在各分会场展播后，引起参会人员的高度好评，专家们称赞火炬开发区第一幼儿园儿童戏剧教育已经实现了从"剧本先行追求演出"的1.0时代到"教学工具统整课程"的2.0时代，再到"教师引导即兴扮演"的3.0时代，最后到"幼儿情境个性化"的4.0时代的跨越。

云南省大关县幼儿园成为我园的对口帮扶园。2020年9月，在为期一个月的对口帮扶活动中，大关县幼儿园的骨干教师在我园跟岗期间积极参与戏剧教育教研活动，对我园的戏剧教育表现出了浓厚的兴趣，纷纷表示回园后要将戏剧渗透到幼儿的一日生活中，发挥幼儿的戏剧天性，培养其自主学习能力。我园的教学主任带领骨干教师到大关县幼儿园进行帮扶指导，在每次教研活动前都会精心准备一个戏剧游戏作为暖身活动，既活跃了教研氛围，又激发了教师参与教研的积极性和主动性，同时让大关县教师亲身体验到戏剧游戏的魅力。另外，我们还通过开展戏剧工作坊及戏剧观摩活动让大关县教师了解戏剧教学的组织方法和策略，受到了广大教师的好评和认可。

　　作为"生长戏剧"实验基地园，我园在中山市也积极发挥示范引领作用，共享戏剧教育研究成果。2016年，由中山市教师进修学院主办的全市儿童戏剧教育研讨交流培训活动在市教育局报告厅举行，来自全市各区镇300多名同人齐聚一堂，共享儿童戏剧教育盛宴。我园教研团队在专家团队的引领下，展示大班戏剧教育原创活动——"我才不怕呢"。这次活动打破了传统的"教授"方式，它更注重幼儿积极自主学习。活动中，幼儿充分调动自己已有的生活经验与认知，并且在亲身参与、合作扮演的过程中获得新的经验。戏剧教育活动不同于绘本剧或舞台剧，它不注重结果性的表演形式，而是更关注幼儿表达、创作、表演的过程。在戏剧教育活动中，教师也逐渐转变了儿童观、教育观，充分尊重幼儿的想法与创意，将"儿童为中心"的教育观念根植于心。另外，作为《3—6岁儿童学习与发展指南》实验园及园长任职资格班跟岗培训基地，我园每年接待其他幼儿园教师来园跟岗学习，让他们感受、体验我园戏剧教育特色课程的独特魅力。

## 四、结语

　　教师通过课题研究实践中的亲身观察了解到幼儿个体的兴趣、生活经验、能力水平，并以此为依据修改活动目标和活动过程，使所设计的教案更贴近幼儿的现实需要与兴趣。教师通过环境剧场的布置和多媒体的使用等组织活动，随着幼儿的兴趣变化而调整计划，促使幼儿积极、主动地投入到活动中去。在评价方面，教师认识到幼儿园开展绘本戏剧课程不能以幼儿表演水平为标准衡量活动效果，应重视幼儿自由创造、自由发挥的过程，使幼儿针对自己感兴趣的内容进行创造和探索，从而获得新的经验。

　　在近十年的研究中，我们不断学习、实践、改进，对戏剧教育的理解不断更新，在实践方法上博采众长，构建了绘本戏剧课程的目标、内容、实施组织形态及评价方法。火炬开发区第一幼儿园的戏剧教育，在目标上坚持指向幼儿的全面和谐发展，兼顾艺术性与教育性；在内容上回归幼儿日常生活，通过主题融合五大领域；在实施组织形式上，既有单个或系列化的集体戏剧活动，又

融入幼儿园一日生活的各个环节，并渗透在丰富多彩的游戏活动中，存在于幼儿园无处不在的空间中；在评价上，幼儿、教师、家长均可以从不同的视角或以不同的方式参与，以评价带动课程的生发，共同助力幼儿的成长。因此，火炬开发区第一幼儿园戏剧教育的目标、内容、形式和评价多元并包容，逐渐形成了一个开放、生发、师幼共同建构的多元戏剧教育体系。

从当初迷茫而又坚定地开始、痛并快乐地前进到如今，在我们教研组全体成员的努力下，课题研究画上一个尚算圆满的句号但仍在完善。我们在课题探究之路上收获了种种的喜悦，但也存在一些不足，如幼儿园绘本戏剧课堂契约的建立、环境剧场中联络人的角色及意义等都有待研究。我们将继续改进和努力，使戏剧教育活动像花香一样蔓延在幼儿的世界中。

# 第一章

# 戏剧主题课程研究：
## 融汇五大领域

早餐后，孩子们正兴奋地挑选道具，准备参与戏剧主题活动"小猪变形记"。甜甜像往常一样默默跟随在同伴们身边，当其他孩子都争着要扮演小猪、长颈鹿、斑马时，甜甜对老师说："老师，我想扮演一棵树。"老师顿了一下，想说话但又忍住了，因为每次表演甜甜都是扮演一棵安静的树。戏剧展演节即将到来，甜甜妈妈跟其他家长一样，特别希望甜甜有所突破，能够扮演"活"的小动物。可是她对妈妈说："我就喜欢演树，这样我就可以一直站在舞台上看小朋友表演，不能走来走去也没关系，我能坚持的。"戏剧展演那天，甜甜仍旧扮演了那棵不能走动但非常快乐的树。她的小手随着音乐摆动，像枝条在跳舞，脸上一直洋溢着快乐、满足。

## 一、主题课程的研究历程

甜甜的事情是我们开展戏剧主题活动"小猪变形记"时的一个插曲。通过这件事情，我们对戏剧主题活动价值和幼儿学习主体地位有了进一步认知。

在戏剧主题活动中，幼儿得到的成长是什么？答案是幼儿学会了程式化的戏剧表演，能够用戏剧的形式表达自我，在有形或无形的环境中表现自我或激发同理心。

那么，什么是戏剧主题活动呢？张金梅教授在其所著的《学前儿童戏剧教育》一书中提出："戏剧主题活动是围绕某一主题，依从儿童戏剧经验整合与提升的进程，师幼共同建构的一系列戏剧活动，即从戏剧表达出发，到戏剧创作，最终形成完整的戏剧表演。"

我园秉持着"给予最适合孩子成长的环境、游戏与爱"的戏剧教育理念，结合《3—6岁儿童学习与发展指南》开展戏剧主题课程，重视幼儿主体地位，在戏剧主题开展过程中落实五大领域目标，促进幼儿个性发展多元化。我园戏剧教育的课程目标、内容、组织实施和评价多元化，尤其是评价的多元化，重视幼儿园物质环境和人文文化的打造，构建"幼儿园—家庭—社区"三位一体的环境和空间，将五大领域、传统戏剧、现代戏剧整合并贯串于一日生活各环节、亲子活动、社区教育之中。

当然，我们的戏剧主题活动并不是一开始就找到了最理想的模式和路径，而是经过了一番曲折的探索，经历了四个发展阶段。

**第一阶段：主题戏剧活动的萌芽阶段——初尝戏剧表演的乐趣**

2013年初冬，王萍园长带领火炬开发区第一幼儿园（以下简称一幼）的教师到江苏无锡江阴观摩了许卓娅教授团队指导的江阴实验幼儿园开展的创意戏剧活动。踏入幼儿园大门，浓浓的戏剧氛围扑面而来，幼儿园的每个角落都充满戏剧元素，屋顶挂的、墙面贴的、路边摆的都是与戏剧相关的书籍、服装、道具，一条宽敞的走廊被幼儿或亲子制作的戏剧主题作品分隔成几个小区域，幼儿可以自由进入区域，大胆表演。各班级中也有幼儿在进行戏剧表演或是很认真地在制作表演道具。戏剧展演当天，各班幼儿身着亲子制作的服装，大胆地在舞台上表现自我，教师在旁露出赞许的表情。通过这次外出学习，我们惊喜地发现，这样的戏剧方式能够提升幼儿交际、语言、艺术、健康等方面的能力。于是，我们对戏剧充满了向往，回来后开展了戏剧教育学习和教研。

那我们该怎么做呢？一幼的教师创意十足，没有局限于自身经验和理解，也没有照搬其他幼儿园现成的课程，而是以绘本故事为载体，每个班级结合实际情况选择一本绘本开展戏剧教学活动，大班选择了《马医生》，中班选择了《小猪变形记》，小班选择了《彩虹色的花》。教师开展了以绘本欣赏、角色塑造、丰富对话及动作为主线的语言、艺术综合活动，以及以丰富相关角色的认知、情感为辅线的科学、社会活动。

绘本《小猪变形记》是一个荒诞幽默的故事，故事中的小猪总觉得自己不幸福，认为做小猪很无聊，于是，它用了不同道具把自己装扮成不同的动物，一会儿扮成长颈鹿，一会儿扮成斑马，一会儿扮成大象……如此发生了一系列滑稽有趣的事情后，最后小猪终于体会到：还是做回自己最快乐。

课程讨论时，教师一致认为绘本《小猪变形记》画面色彩鲜艳、重点突出，容易吸引幼儿的注意力，虽然主角只有一个，但有不同的配角（其他动物）出现，可以令幼儿保持新鲜感。故事中的对话是重复的语言结构，幼儿能很容易地记住对话。同时，中班幼儿活泼、好动，具有丰富的想象力，但有时分不清假想和现实。他们已初步具有自我意识，但对自我的认知又时常依赖他人的肯定。通过这个故事可以帮助幼儿肯定自我。故事中的小猪有许多奇特的

想法，也非常符合中班幼儿天马行空的思维特点。

通过开展戏剧课程可以发展幼儿的语言表达能力，增强幼儿的想象力、创造力，丰富幼儿对不同动物的认知，也可以提升幼儿认识自我的能力。因此，我们制订了五大领域主要目标：语言——能连贯讲述故事中较长的对话；科学——认识绘本中动物的主要特征和生活习性；艺术——能用语言、肢体动作、神情等表现绘本中的角色及情节；社会——知道自己的长处，肯定自我；健康——能够愉快地参与表演活动。

接下来，我们根据五大领域基本目标进行研课、组织活动。在语言活动中，幼儿熟悉绘本内容，了解小猪如何装扮成长颈鹿、斑马、大象、袋鼠、小鸟，熟悉角色之间的对话，并尝试进行片段表演；在美术活动中，幼儿进行相关动物的绘画或手工制作，还做了一些表演的小道具，如小猪和大象的耳朵、小鸟的翅膀等。戏剧课程开展一月有余，幼儿园准备进行戏剧展演，让每个幼儿都有上台表演的机会。我们商量，为避免雷同表演，各班选择不同的音乐，创编不同的表演动作，并邀请家长共同制作表演服装和道具。展演非常成功。在对外演出活动中，幼儿的表演受到同行赞誉，这极大地激发了幼儿对戏剧表演的兴趣。

这是我们涉足戏剧教育领域的开端。教师有浓厚的兴趣，积极筛选适合幼儿学习、表演的绘本，按五大领域目标分科教学：

（1）通过语言（绘本欣赏）活动帮助幼儿熟悉绘本的主要情节、对话，并通过活动中的角色表演环节加以巩固。

（2）通过美术活动制作表演道具，通过亲子活动制作表演服装。

（3）根据情节需要剪辑音乐、设计表演背景，指导幼儿熟悉舞台走位，最终呈现一场"美轮美奂"的舞台表演。

这个阶段的主要教育方式是基于绘本故事情节的表演，关注幼儿的表演能力，以及语言、肢体、动作的发展。当然，在这一阶段，每个幼儿都根据自己的兴趣选择角色，教师要尊重幼儿的选择。幼儿可以是故事中的动物角色，也可以是场景中的某一物件。比如，甜甜小朋友喜欢扮演一棵树，最终教师尊重了她的选择。

我们幼儿园的戏剧表演看似很热闹，但热闹之后发现，教师都很累，要教幼儿如何表演对话、如何在舞台上有序地走位、如何使用道具，还要指导家长如何制作精美的服装、道具，特别是戏剧展演前期，为了呈现更好的舞台效果，教师抓紧一切时间进行排练。幼儿其实也很累，有的幼儿说："每天都是排练、排练，一点都不好玩，太累了！"有的幼儿甚至说："我天天都演长颈鹿，手都举酸了，我都不想演了！"

问题出在哪儿呢？教师都在思考：这一阶段，是不是教师主导得太多？是不是教师关注的主要是幼儿的共性问题，而忽略了幼儿的个性需求？是不是教师关注舞台（角色）表演是否流畅，而忽视了内容本身的意义？是不是教师重结果多过重过程？……虽然每个幼儿都有上台表演的机会，能力也有了一定的提升，但他们自己是否获得了成就感和满足感？

### 第二阶段：主题戏剧活动的雏形阶段——初步建立活动模式

戏剧主题课程的目标是什么？是注重完整的戏剧表演，还是注重戏剧活动的过程？是注重幼儿多次排练后穿上漂亮的表演服装进行舞台上的精彩表演，还是注重幼儿在戏剧主题开展过程中，利用不同物件、情境进行戏剧创作或情感教育？

美国著名教育家约翰·杜威提出的现代教育新的"三中心"教育理论，即以活动教学为中心代替传统教育的以课堂教学为中心，以儿童经验为中心代替传统教育的以书本教材为中心，以学生主动活动为中心代替传统教育的以教师主导为中心。基于对教育本质的认识，杜威认为教育只是一个过程，除了这种过程本身，教育并无其他目的。他指出，儿童的本能、兴趣和需要所决定的教育过程就是教育的目的，而不是外界社会和人们强加的过程以外的目的。

戏剧主题课程应该重过程还是重结果，二者的权重比例是多少？如何更好地结合五大领域目标开展活动？带着这些疑问，我们参加了香港戏剧教育专家王添强老师组织的系列教育戏剧课程研讨活动。通过聆听专家讲座、参加课程观摩、参加戏剧工作坊等，我们学会了许多戏剧游戏，如"节奏步行""大风和树叶""小笼包"和"大比萨"等，知道可以利用一日活动的过渡环节组织幼儿玩戏剧游戏；还学习了许多戏剧策略，如"专家外衣""墙上角色""良心巷"等，知道了戏剧策略的基本运用原则；也了解了教育戏剧集体活动的基本流程。

学习归来，教师互相观摩优质戏剧课程。陈老师组织了外出学习到的戏剧活动"晚安，大猩猩"，利用"空物想象"策略引导幼儿在假想的树林、小桥、小路中穿行，利用"身体建构"策略引导幼儿展现公园的树林、小桥、凉亭等景物，令观课教师惊叹幼儿的戏剧表现是如此投入、如此富有张力。活动结束，幼儿和教师都意犹未尽，期待下次活动的开启。接着，本园教研组也推出了戏剧活动"鳄鱼爱上长颈鹿"，让大家见识到了"坐针毡"戏剧策略的魅力：原来，借助某些物品代入角色可以促进幼儿有目的地思考。

寒假结束，中（2）班的幼儿回到班级后一直在讨论有关新年的话题：过年要放烟花，要贴春联，可以吃到很多好吃的菜，大人还要给小朋友压岁钱……班级教师听到幼儿的讨论后，在级组教研活动中提出是否可以研讨有关过年的戏剧活动。教师根据教育戏剧课程"导入—主题—放松"的基本范式和目标研讨出戏剧教案《过年》，设计了"用肢体动作表现放鞭炮赶走年兽""贴春联""吃年夜饭"等活动。

教师兴致勃勃地组织幼儿开展戏剧活动，效果却不尽如人意，由于幼儿在活动中非常开心，尽情地"放鞭炮""吃美味"，游戏热闹得有些收不住，语言、认知等发展目标都没有达成。园长问教师：这个活动开展后，幼儿的经验有增长吗？能力有提升吗？于是，教师又坐在一起分析：要开展好戏剧活动还需要丰富幼儿对过年习俗的认识，同时需要添置一些在活动中用于表演的道具。于是，教师继续研讨了系列集体活动：有社会活动"'年'的由来"和"过年的习俗"，有语言活动"祝福歌"和"拜年啰"，有手工活动"鞭炮""窗花""漂亮的房子"，还有音乐活动"新年歌"等，并形成了一个围绕戏剧、为戏剧活动服务的微主题活动。

但是，之后，教师又有了新的困惑：第一阶段，虽然活动涉及五大领域课程，但教师更注重的是艺术领域，注重发展幼儿的艺术表现力；现阶段，虽然教师对戏剧教育技巧更熟练了，对教案编写的基本程序也更熟悉了，把戏剧和五大领域做了进一步的融合，但似乎还缺少一点什么。戏剧活动为教师教育幼儿增加了一种方式，是教育的工具，却少了一点艺术性和"生活气息"。戏剧活动究竟是工具还是艺术？戏剧活动对幼儿的成长有哪些帮助？幼儿在这个过程中如何体现主体性和主动性？

### 第三阶段：主题戏剧活动的成长阶段——自主建构主题活动

带着新的反思和困惑，我们继续前行。这一次，张金梅教授编写的《表达·创作·表演：幼儿园戏剧教育课程》给予我们极大的启发，在该课程的基础上，我们结合幼儿园的实际情况开展了主题戏剧课程的探索。

戏剧月前，教师都在很用心地收集幼儿感兴趣的话题。大（1）班的幼儿都在讨论动画片《海底总动员》：小丑鱼尼莫想去大海深处探险，可它刚开始就遇到了麻烦。长长的海草差点缠住尼莫，大大的贝壳又差点夹住它，还有各种各样的大鱼想吃了尼莫，尼莫的爸爸马林非常勇敢，为了营救遇险的尼莫想了许多办法……开始只有五六个幼儿讨论这个话题，但幼儿的好奇心是会相互影响的，于是有越来越多的幼儿参与讨论。在区域活动时间，有几个幼儿还表演了马林着急地寻找尼莫的情节。看见幼儿对《海底总动员》的兴趣这么浓厚，教师征求他们的意见：要不要把它作为戏剧月的主题活动？幼儿都非常兴奋，教师也借机与幼儿讨论课程：如果想表演好《海底总动员》，我们需要了解哪些知识，需要做哪些准备呢？幼儿纷纷发表自己的看法：我们要了解各种海鱼的外形，这样就可以自己做各种鱼的装饰，表演时大家可以扮演不同的鱼，还要装扮海底世界，要有珊瑚和水草，最好表演的时候有音乐，再配上漂亮的服装就更美了。于是，教师通过与教研组研讨，生成了初步的课程框架：戏剧活动"我是小尼莫""尼莫和贝壳""尼莫的爸爸和尼莫"，科学活动"海里有什么""各种各样的鱼"，艺术活动"海底的水草""遇险的小尼莫"，社会活动"尼莫和水草""我来救尼莫"，健康活动"捕鱼"等。幼儿利用区域活动的时间制作海草、贝壳、鱼等表演用的道具，并且在表演区域自发地表演片段。当幼儿对各个片段初步熟悉后，教师和幼儿一起商量表演剧本，确定要表演"尼莫和水草""尼莫和贝壳""营救尼莫""海底舞会"四幕，教师和幼儿还商量如何根据音乐来表演及调整各个角色的上下场顺序。

在这一阶段初期，教师觉得这种形式的主题戏剧教育在教育性和艺术性方面都有了一定突破。但在这一阶段后期，幼儿在表演时陷入了一种模式：幼儿的表演非常投入，但需要准备大量的表演道具，脱离道具的幼儿很难进入表演情境。如何使戏剧教育真正融入幼儿的生活？如何使幼儿随时随地地进入表演情境？如何使幼儿觉得戏剧教育不仅是一门课程，更是生活的一部分？

### 第四阶段：主题戏剧课程逐步完善阶段——追溯幼儿兴趣，生成主题课程

新的困惑促进我们进一步思考：如何使主题戏剧课程不局限于绘本内容？如何将幼儿生活的每一处环境都融入戏剧表演？如何使幼儿的表演不再局限于编好的剧本，而是每一次都有突破、有成长？

在张金梅教授的指导下，我们进行了更加大胆的探索。

"什么是幸运？这一天究竟是谁的幸运日？"争吵声源自阅读区，原来是幼儿看绘本《我的幸运一天》发生了争执。《我的幸运一天》描述了一只小猪不小心进入了狐狸的家，为了自救与贪心的狐狸斗智斗勇的一系列惊险且有趣的故事。幼儿在争论，这究竟是狐狸幸运的一天，还是小猪幸运的一天？于是，源自绘本的主题戏剧活动"我的幸运一天"就从幼儿的争吵中开始了。

幸运与不幸是从狐狸打开门、见到小猪的那一刻开始的，小猪的惊恐和狐狸的惊喜形成鲜明的对比，引发了幼儿强烈的表演欲望。但表演后，"观众"们觉得不满意，因为幼儿演得不像狐狸和小猪相遇的场景，而像是好人和坏蛋相遇的场景。怎样才能表现出绘本中两个角色的特征呢？幼儿通过家长的帮助收集资料，找了许多关于小猪或狐狸的绘本、视频，然后观看并模仿视频中小猪或狐狸的动作和表情。故事是在狐狸家发生的，它家中有书房、客厅、厨房、花园。于是在戏剧活动中，幼儿分组合作用肢体建构了狐狸家的各个房间，如建构客厅的小组成员用肢体建构了沙发、茶几、电视等。幼儿根据狐狸和小猪的角色特征进行了合理而有创意的创编。例如，狐狸帮小猪洗澡的这个情节，不仅有狐狸把小猪从头到脚仔细洗干净的情节，还增加了狐狸帮小猪修剪指甲的情节。这是因为幼儿认为修剪指甲后，狐狸吃小猪口感会更好，不会被扎到喉咙。

在开展主题教学活动的同时，环境剧场的创设、表演也开始了。幼儿通过仔细观察绘本的第一页画面，发现清洁用品摆放整齐，以及狐狸仔细为小猪修剪指甲，认为这是一只讲究生活、特别爱干净的狐狸。幼儿在活动室外面搭建了狐狸的家，有客厅、书房、厨房、花园，还增添了跑步机、浴缸等生活用品，甚至在花园里种上了许多美丽的花，将植物角的植物融合进环境剧场中。后来幼儿还发现狐狸是一位美食家，特别爱研究菜谱，所以又增添了一个书柜，并放上了一些制作美食的书籍。

剧场表演中常会有意想不到的画面出现。例如，狐狸先生的家门，第一天表演可能是用PVC管穿着布帘来表现，第二天表演可能就变成了两个幼儿用身体来建构的大门，第三天就可能用竖立的轮胎代表大门；狐狸先生最爱使用的指甲剪有时是真的指甲剪，有时是幼儿用卡纸自制的道具，有时是某个幼儿躲在狐狸先生的后面伸出一只手假装是指甲剪。幼儿每一天的表演都不重样，如"狐狸帮小猪洗澡"的情节，有时是泡在浴缸里洗，有时是站在花洒下洗，有时竟然是"拖"到小河边去洗。

在这一阶段，教师在张金梅教授的指导下对主题戏剧活动的设计、戏剧教案的编写、环境剧场的建构都有了更加清晰的认识，也更加尊重幼儿艺术表达和创作的欲望，让幼儿的个性得到了充分的发展。

2013年初冬至今，我们一路摸索、不断反思，给予幼儿最适合他们成长的环境。游戏与爱也成就了我们，我们终于找到了一条在戏剧教育中能看见幼儿创新思维，真正让幼儿做主的道路。

## 二、主题的来源与生成

### （一）借鉴专业书籍，教师遴选课程

参加了戏剧教育大师王添强的培训后，教师非常踊跃地购买了一批王添强老师参与编写的书籍，如《儿童戏剧魔法棒》《优质教育基金主题学校网络：戏剧教育（QTN）教案结集及实务手册　学前教育篇》等。

教师阅读专家的书籍，尝试运用书中的戏剧策略和戏剧游戏；根据幼儿年龄特点，借鉴书籍中提供的主题教案，根据自己的理解重新设计，将多种戏剧策略整合在一个活动中，形成一个内容及形式都非常丰富的戏剧教案。例如，《优质教育基金主题学校网络：戏剧教育（QTN）教案结集及实务手册　学前教育篇》提供了"小鳄鱼的糖果牙齿"戏剧主题教案，共有5个课时。第一课时基本部分运用了"线索材料、讨论、坐针毡"策略，第二课时基本部分运用了"专家外衣、日记、讨论"策略。在集体教研时，有教师提出："大班幼儿正处于换牙期，我们开展这个主题戏剧活动正好契合幼儿的生活。"也有教师

说："第一课时读一封信（运用线索材料策略），然后讨论小结（运用讨论、坐针毡策略），会不会有点简单？好像十几分钟就可以完成。"于是，教师根据自己的理解将第一和第二课时的部分策略进行整合成了一个课时的内容。

一周时间，大班各班级都完成了本主题戏剧活动。再次教研时，教师纷纷吐槽："课好难上呀，小朋友'坐针毡'时都不会提问。""内容太多了，感觉上了一个小时都没有上完。""策略好多，小朋友都不熟，他们都没兴趣上了。"根据教师的反馈，第二课时设计直接借鉴了书中的第三课时，基本部分运用了"线索材料、讨论、专家外衣"策略。

一周时间过去，各班都完成了第二课时教学，但教研时大家还是直倒"苦水"："小朋友都是讨论'什么能吃，什么不能吃'，这是戏剧活动还是语言活动？""一节活动课一直在说一个问题，是不是太简单了？""戏剧活动都没有表演，还是戏剧活动吗？""小朋友基本都不清楚要怎样保护牙齿，他们对活动的兴趣不大。"

参考书籍开展主题戏剧活动及具体的戏剧教学活动，为什么幼儿兴趣不大呢？我们参与专家组织的培训，借助专业书籍阅读，学会了设计戏剧活动的基本模式，似乎"摸"到了戏剧活动的"形"，却没有领悟到戏剧活动的"神"。我们迫不及待地运用戏剧教育这个"工具"，却忘了"工具"是为目标服务的。

幼儿教育的目标是什么？我们再次阅读《3—6岁儿童学习与发展指南》，理解了幼儿教育的目标是为幼儿后继学习和终身发展奠定良好的素质基础，更深入地理解了幼儿的学习方式和特点，理解了幼儿的学习是以直接经验为基础的，要珍视幼儿生活的独特价值。教师根据幼儿的年龄特点选择戏剧主题，却忽视了幼儿的学习是以直接经验为基础的，所以教师在"努力教"，幼儿却在"消极学"。

理解了开展戏剧活动的目标，教师选择戏剧主题就有了正确的方向。

### （二）以幼儿经验为本，教师与幼儿共同成长

时间一点一滴地过去，幼儿的生活经验逐渐丰富。教师和幼儿一起研讨戏剧主题，根据他们对活动的兴趣及需求逐步丰富戏剧活动内容。

小班幼儿在草丛中发现一队蚂蚁在搬食物，他们和教师讨论并生成了戏剧主题"蚂蚁和西瓜"，领悟人多力量大和团结的意义。

大班幼儿正值换牙期，他们总是在热烈地讨论："×××的牙掉了""×××长了牙虫，是牙虫吃了他的牙齿""牙虫很厉害，如果不刷牙就会把牙齿都蛀空""长了牙虫怎么办"。于是，教师和幼儿讨论并生成了戏剧主题"牙齿大街的新鲜事"。主题活动开展初期，教师和幼儿一起设计了几个主要活动：有了解牙齿形态的"牙齿大街"，有了解龋齿形成原因的"牙虫一家"，有了解正确刷牙方法的"牙齿警察"，有了解治疗龋齿的"牙医来了"，等等。随着活动的开展，幼儿对牙虫的兴趣与日俱增。教师作为幼儿活动的支持者，和幼儿一起打造了"牙虫储藏室""牙虫厨房""牙虫书吧""牙虫泳池"等主题空间。

有人提出疑问："幼儿将牙虫的生活塑造得这么舒服，那还怎么教育幼儿保护牙齿？"那就来听听幼儿的回答吧："牙虫生活得那么舒服，就是主人贪吃东西还不刷牙！""牙虫生活得越舒服，主人的牙齿就越疼！""牙虫越开心，主人就越痛苦，他就会记得要保护牙齿了！"

戏剧活动的开展是为了什么？戏剧活动的核心是什么？通过不断探索和总结，我们认为要以《3—6岁儿童学习与发展指南》为基础，将戏剧教育和五大领域相结合，为幼儿后继学习和终身发展奠定良好的素质基础。

## 三、主题的目标与内容

经过多年的实践探究，在熟知《3—6岁儿童学习与发展指南》的基础上，我园教师根据幼儿的学习兴趣、发展需求及实际发展水平，通过实践活动将戏剧活动融入五大领域，注重培养幼儿学习品质，初步摸索出适合不同年龄阶段幼儿的教育目标及内容。

表1-1 不同年龄阶段幼儿的戏剧教育目标及内容

| 年级 | 戏剧教育 | 戏剧主题类别 | 戏剧主题名称 | 家园共育 |
|------|---------|-------------|-------------|---------|
| 小班 | 1.知道自己的角色，在教师提醒下能坚持扮演自己的角色；<br>2.能用简短的语句表达角色；<br>3.能用表演服装及道具装扮自己；<br>4.喜欢戏剧活动，愿意用戏剧的方式表达自我；<br>5.能与同伴合作表演简单的情节；<br>6.能在教师的指导下用肢体动作表演熟悉的动植物及常见物品；<br>7.能以表情表达情绪，如高兴、生气、伤心、害怕等 | 情绪情感 | "蚂蚁和西瓜""小黑鱼""狐狸爸爸鸭儿子""999个青蛙兄弟大搬家""神奇种子" | 1.经验调查，了解幼儿已有的经验及兴趣点；<br>2.共查资料，拓展幼儿经验，为戏剧活动的开展做铺垫；<br>3.社会实践，通过观察、操作等途径提升戏剧相关经验；<br>4.亲子戏剧，通过扮演角色等提升幼儿戏剧经验；<br>5.亲子手工，通过亲子动手制作服装、道具等，提升幼儿对角色的认知 |
| | | 社会交往 | "小兔乖乖""这是我的""彩虹色的小白鱼" | |
| | | 科学认知 | "小种子""想吃苹果的鼠小弟""蒲公英的旅行""谁咬了我的大饼" | |
| 中班 | 1.明确自己的角色，并能坚持扮演自己的角色；<br>2.能用清晰的话语表达自己的角色；<br>3.能用合适的服装或道具进行角色装扮或布置场景；<br>4.在剧场活动中乐于担任不同的活动角色，如观众、演员或剧场工作人员；<br>5.能与同伴合作创编、表演比较完整的情节，有开端、高潮及结尾；<br>6.能用肢体动作表现熟悉的动植物和物品，并能与同伴合作建构场景；<br>7.能用表情、语气及肢体动作表现复杂的情绪、情感，如同情、沮丧等 | 情绪情感 | "小猪变形记""逃家小兔""蛤蟆爷爷的秘诀""大树上的朋友""彩虹鱼"系列"有你真好""鸭子骑车记" | |
| | | 社会交往 | "猪先生去野餐""我是最厉害的大野狼""老鼠象" | |
| | | 科学认知 | "昆虫音乐会""彩虹色的花" | |

续　表

| 年级 | 戏剧教育 | 戏剧主题类别 | 戏剧主题名称 | 家园共育 |
|---|---|---|---|---|
| 大班 | 1.明确并坚持自己扮演的角色，知道故事或表演中各角色之间的关系；<br>2.能用有条理的话语及适合的音调、音色、语速介绍角色；<br>3.能用不同的材料进行有创意的角色装扮或场景布置；<br>4.在戏剧活动中能够与同伴策划剧场选址、设计及建构；<br>5.能与同伴合作创编、表演完整的故事，有开端、高潮及结尾；<br>6.能与多人合作表现各种事物及建构场景；<br>7.能用表情、语气及肢体动作表现复杂的情绪、情感，如心事重重、懊恼等 | 情绪情感 | "海底总动员" "小老鼠的漫长一夜" "我的幸运一天" "老鼠嫁女" "11只猫做苦工" "你看起来好像很好吃" "阿里巴巴与四十大盗" | |
| | | 社会交往 | "马医生" "格尼耶" "我们的餐厅" | |
| | | 科学认知 | "牙齿大街的新鲜事" "最棒的探险队" "上太空" "肚子里有个火车站" | |

## 四、戏剧教育的策略与运用

在实践中，教师对一些常用的戏剧教育策略加以梳理与提炼。这些策略源于国内外戏剧教育专家的研究成果，为教师提供了重要的教学理念与教学支架。在此基础上，教师需要根据自己的实施情况，在实践中不断调整、创生，设计与实施一些有效的戏剧教育策略。因此，戏剧教育策略就如戏剧本身的性质，有开放的、无穷无尽的创造空间。

表1-2 幼儿教师常用戏剧教育策略一览表

| 戏剧教育策略 | | 释义 | 适用环节 | 作用 | 举例说明 | 注意事项 |
|---|---|---|---|---|---|---|
| 教师入戏 | | 教师通过扮演某个特定角色，带领幼儿进入虚拟世界，从而使幼儿从心理上快速得到"这就是真实"的体验，提高活动探索的效果 | 活动开始或活动转换环节 | 营造氛围和创设情境，吸引幼儿注意力或激发幼儿的兴趣，帮助幼儿区分"演戏"和"不演戏"的界限 | 当我戴上这个皇冠时，我就变成了国王；当我放下皇冠时，我就是教师 | 教师要有固定的入戏方式，不要千变万化，既要让幼儿体验仪式感，也要让幼儿熟悉"入戏"信号，形成稳定的条件反射。另外，在道具及服装的选择上要注意符合角色的特征 |
| 定格 | | 教师通过播放器的暂停功能将画面定格，让幼儿运用肢体动作表现这个画面。教师可以让幼儿观察这个画面、制作照片或绘本的画面，讨论该画面，或即兴运用肢体动作表现该画面 | 暖身活动、活动重点、关键环节、日常戏剧游戏 | 将动态行为中的关键片段定格，给予幼儿充分的机会和时间反复体会该动作或情境。同伴之间能相互观察、学习，弥补自身不足 | 幼儿扮演森林里的动物，做着各种动作，突然在"定格"的指令下静止，展示各种动物的形态动作 | 教师指令清晰且要给幼儿准备时间，如发出指令"三、二、一、定" |
| 轮廓图 | | 通过对角色的面部特征、服装、携带的工具等的描述，绘画和扮演，对角色外形以及行为方式有更深入的理解 | 活动重点、关键环节、日常戏剧游戏 | 帮助幼儿深入感受、理解角色的特征，心理过程和情境逻辑，为丰富戏剧表演做好铺垫 | 教师出示人物轮廓图，与幼儿共同画国王的模样。教师："假设这个是国王，你觉得需要添加些什么呢？" | 在对角色的面部特征、服装、携带的工具等描述、绘画进行一定的记录时要按一定的顺序，以便进行小结和梳理 |

续表

| 戏剧教育策略 | 释义 | 适用环节 | 作用 | 举例说明 | 注意事项 |
|---|---|---|---|---|---|
| 雕塑家 | 指幼儿将他人"塑造"成一个雕像，以反映自身对特定主题及他人的想法。幼儿在调整他人肢体塑造"雕像"的过程中，表达了自己对角色外形、姿态的认识和理解 | 活动重点、关键环节、日常戏剧游戏 | 摆出他人造型、表达自己的想法，相互合作，自我修正或调控造型细节，进而深化理解 | 两个幼儿一组，一个做雕塑家，一个做圣诞老人，雕塑家按照自己的想法摆出圣诞老人的造型 | 此策略要在幼儿对"定格"策略比较熟悉的基础上进行 |
| 角色扮演 | 幼儿投入别人的角色世界，在模拟过程中经历生活，体验社会与生活环境，通过观察角色的形态、内心世界反观自我，认识自我体验自我 | 暖身环节、活动重点、关键环节、日常戏剧游戏活动渗透 | 消除幼儿紧张心理，使幼儿学习同伴经验，提高幼儿参与率 | 在戏剧主题活动"我的幸运一天"中，幼儿选择固定的角色进行表演 | 幼儿要对角色的特征等有一定认知 |
| 线索材料 | 以物品的象征性引出情节 | 活动重点、关键环节 | 探讨材料的主题、意涵、描写的事件、发展幼儿的观察、分析、判断、推理等高级思维能力 | 教师出示一封神秘来信："森林王国的邀请信"。幼儿接到邀请信，想象森林王国邀请自己去做什么 | 符合活动的需要，与设计的环节有联系 |
| 镜像画面 | 指幼儿运用肢体形态呈现出一个视像画面，从而具体呈现某个生活场景或事件。既可以是对角色造型的创作，也可以是对场景的展现 | 活动重点、关键环节、日常戏剧游戏 | 幼儿之间合作表现，进行雕塑 | 幼儿合作用动作造型（各种家具）形成一幅家的图像 | 教师的指令要清晰、具体 |

| 戏剧教育策略 | 释义 | 适用环节 | 作用 | 举例说明 | 注意事项 |
|---|---|---|---|---|---|
| 故事地图 | 想象与描画故事中主要角色的行进路线、活动场景，这里既有情节的创作，也有对每一个情节发展场景的描画 | 活动重点、关键环节，日常活动渗透 | 创设戏剧情节或厘清情节发展顺序 | 教师与幼儿一起画出小鸭送路时行走的路线 | 比较适合年龄较大的幼儿 |
| 节奏步行 | 借助各种乐器发出不同的节奏，幼儿按照节奏控制动作的快慢和停顿 | 暖身活动、过渡环节 | 发展动作控制能力和规则意识 | 教师借助乐器（如铃鼓、小鼓）给出节奏，幼儿根据节奏进行快慢步行、停顿 | 节奏不能乱，要稳定，从简单到困难 |
| 坐针毡 | 某个人（教师或幼儿）扮演角色，接受其他人的询问。扮演者可以坐在特定位置（"针毡"），穿上某件衣服或拿着某个物品来示意所扮演的角色 | 活动转换环节，活动重点、关键环节，日常戏剧游戏 | 探索戏剧角色的想法，激发幼儿思考戏剧冲突的解决方法 | 在戏剧主题活动"我爸爸"中，教师扮演书中的孩子，戴上太阳帽"坐针毡"，对幼儿提出问题："我爸爸不见了，我怎样才能找到爸爸呢？你们帮我想想办法，谢谢！"引导幼儿讨论 | 教师入戏要表现出角色的特征，带领幼儿入戏 |
| 良心巷 | 全体幼儿分成两列，中间留有一个角色可以穿过这条"巷子"时，一个角色穿过这条"巷子"时，其他幼儿以某角色或自己的身份提出意见和看法 | 活动重点、关键环节，日常戏剧游戏，日常活动渗透 | 根据自己扮演的角色提出意见和看法 | 在戏剧游戏活动"不怕啦！彩虹鱼"中，教师对幼儿说："既然这么多鱼去那里是一个阴森恐怖的地方，我们还去不去采海藻呢？"请幼儿投票，然后分成两列一列继续前往，一列退出。请幼儿轮流表达自己的意愿 | 鼓励幼儿表达自己的观点，但不评判对错 |

续表

| 戏剧教育策略 | 释义 | 适用环节 | 作用 | 举例说明 | 注意事项 |
|---|---|---|---|---|---|
| 分组扮演 | 全班或一个小组扮演同一个角色，以满足所有幼儿的参与欲望，缓解幼儿在集体面前表演的紧张感 | 活动重点、关键环节，日常戏剧游戏，日常活动渗透 | 缓解幼儿在集体面前表演的紧张感，使幼儿学习他人的经验，弥补自己的不足，增加参与感 | 在戏剧主题活动"遨游太空"中，全班幼儿扮演同一个角色，幼儿根据自己对这角色的理解来表达自己的感受，获得自己的体验。在戏剧主题活动"三只小猪"中，教师采用分组的方式把全班幼儿分成三组，第一组扮演猪大哥，第二组扮演猪二哥，第三组扮演猪小弟 | 扮演的主题或内容贴近幼儿的生活或经验 |
| 思路追踪 | 教师在演中或定格时向角色提问，通过有启发性的问题引出扮演者对角色的观点和立场，从而使扮演者更了解角色的心理、动机及思想，借此扩展戏剧发展的路线，使内容更丰富、有趣，从而让整个戏剧活动发展至更深层次 | 活动重点、关键环节，日常戏剧游戏，日常活动渗透 | 扩展戏剧发展的路线，使内容更丰富、有趣，让整个戏剧活动发展至更深层次 | 根据绘本《勤劳的小母鸡》，幼儿扮演小红鸡，请求同伴帮忙一起耕麦子。摇声一响，扮演小红鸡的幼儿定格，然后教师"思路追踪"访问扮演小红鸡的幼儿被同伴拒绝的感受 | 注意问题的有效性 |
| 专家外衣 | 教师让幼儿扮演专业人士，通过服装引导幼儿进入角色，并运用角色应有的知识、技能发掘困难、解决困难，寻求解决方案 | 活动重点、关键环节，日常戏剧游戏，日常活动渗透 | 1.运用角色应有的知识、技能发掘问题，寻求解决方案。2.是教师入戏强有力的手段 | 幼儿扮演"牧羊人"，羊被偷了，教师扮演"记者"进行访问 | 比较适合年龄较大的幼儿 |

续表

| 戏剧教育策略 | | 释义 | 适用环节 | 作用 | 举例说明 | 注意事项 |
|---|---|---|---|---|---|---|
| 替身 | "替身"是戏剧扮演的训练技巧，是舞台表演的手法，也是心理辅导剧场的一种临床辅导形式。"替身"同"主角"时出现或交替出现，使用"主角"的身份去描述"主角"的感受，"替身"是"主角"的一部分，也是"主角"的内心世界 | 活动重点、关键环节，日常戏剧游戏，日常活动渗透 | 激发自我肯定，自我认识 | 在表演活动中，"主角"是一个信心不足的幼儿，"替身"通过不同角度观察这个幼儿，使"主角"形成不同的性格，有更多发展的可能 | 比较适合年龄大的幼儿 |
| 会议或仪式典礼 | 以举办会议或者仪式典礼的特定程序设计情节的发展 | 活动重点、关键环节，日常戏剧游戏，日常活动渗透 | 1.集体协商，找到解决问题的方案。2.增进仪式感，通过仪式典礼进一步表现角色特点 | 在戏剧活动"彩虹鱼"中，教师扮人戏为"彩虹鱼"，带领幼儿（鱼儿）召开会议，商量数不教条纹鱼，如果不救会有什么后果？如果救用什么办法救？戏剧活动"老鼠嫁女"中的结婚典礼 | 会议或仪式典礼的内容要贴近幼儿的生活 |
| 空物想象 | 借助身体动作或语言表现角色的行为、创设情境 | 活动重点、关键环节，日常戏剧游戏，日常活动渗透 | 进入虚构的戏剧情境。想象角色、想象情境 | 教师用语言提示幼儿："现在我们来到了森林里，前面有一条小溪，我们要跨过去，大家小心点，别弄湿衣服。"幼儿想象有条小溪，假装做做跨过小溪的动作 | 教师要尽量描述具体 |

续表

| 戏剧教育策略 | 释义 | 适用环节 | 作用 | 举例说明 | 注意事项 |
|---|---|---|---|---|---|
| 空间建构 | 教师通过实地参观、网络搜索、阅读书刊或观看影片、综合各类素材向幼儿介绍角色生活的地方。幼儿凭记忆在纸上绘画角色生活空间，并发挥想象力利用身体或简单对象（桌、椅等）来重现角色的生活空间 | 活动重点、关键环节，日常戏剧游戏，日常活动渗透 | 创作戏剧情节，丰富想象力，增强记忆力；厘清情节画面 | 教师将幼儿分组，给每组发一张图片（桥、树林、马路及隧道），然后请幼儿合作用身体扮演图片中的事物 | 教师的指令要清晰、具体 |
| 故事棒 | 教师或幼儿讲故事，借助一根故事棒，故事棒指到的幼儿要表演故事中的角色行为、情节 | 活动重点、关键环节，日常戏剧游戏，日常活动渗透 | 体验和表现故事中的角色行为和情节 | 在戏剧活动"森林家园"中，教师讲故事："森林里来了一群可爱的小动物……"。故事棒指到的幼儿就扮演出来扮演不同动物的走路姿势、叫声等 | 通常在幼儿理解故事后才使用此策略 |
| 肺腑之言 | 幼儿说出内心真诚的话 | 活动放松环节，日常戏剧游戏，日常活动渗透 | 能大胆说出自己的内心话 | 在戏剧活动"夜黑黑"中，方丹准备睡觉了，你们觉得方丹的心里会害怕吗？如果害怕，你们会对他说些什么？方丹就在这里，请你们对他说一句内心话，如"方丹，晚安！""方丹，你很勇敢！"等 | 教师对幼儿的语言表达不做对错评价 |

在具体运用上，教师可以结合幼儿的兴趣与发展水平，将各种策略分解成不同的层次水平，循序渐进地使用。此外，在一次戏剧活动中，通常要综合运用多种策略，以下以大班戏剧活动"我要上小学了"为例，介绍教师入戏"坐针毡"、分组扮演等戏剧策略的运用。

## 戏剧活动：我要上小学了

### 【活动背景】

入学准备教育是幼儿大班的重要内容，而良好的情绪准备与幼儿的适应能力是幼小衔接的关键之一。《3—6岁儿童学习与发展指南》"健康"领域的"情绪安定愉快"目标提出：5～6岁儿童能经常保持愉快的情绪。知道引起自己某种情绪的原因，并努力缓解。围绕这个大目标，根据本班幼儿的实际情况，教师设计了大班戏剧教育活动"我要上小学了"

幼儿对小学有哪些了解，又有哪些困惑呢？教师要先了解幼儿，才能有针对地开展活动。首先，教师对幼儿进行调查。根据幼儿情况调查表分析，幼儿对即将进入小学还是充满期待的，但小学的学习生活和新的人际关系使幼儿比较焦虑。

幼儿出现担心、害怕等负面情绪是正常现象，教师让幼儿了解自己负面情绪的由来，并找到宣泄的方法，戏剧就是一种很好的方法，因为它可以使幼儿最大限度地通过假想、语言、表情和肢体动作进行宣泄。

### 【活动目标】

1. 明白面对即将来临的小学生活，每个人都会有一些不安的情绪，能够理解并努力缓解这种情绪。

2. 能够想办法解决引起不安情绪的问题，并能与同伴合作，大胆用语言和肢体动作等方式表达。

3. 通过说、演等不同形式宣泄不良情绪，经常保持愉快的情绪。

### 【活动准备】

1. 音乐两段（有点恐怖的音乐和舒缓的音乐）、白板、白板笔、话筒、小音箱、帽子、数字贴纸1～3张。

2. 将活动室大门布置成一个圆洞入口。

3. 幼儿对小学有了初步的了解。

【活动重难点】

重点：想办法解决3个令人害怕的问题。

难点：与同伴合作，将解决问题的方法用戏剧的方式表达出来。

【活动过程】

（一）导入：噩梦

（活动室拉紧窗帘，营造黑夜的氛围；播放有点儿恐怖的音乐）

1. 师：小朋友，请你们跟我一起进入一个奇幻的世界，看一看，在这个奇幻世界里究竟会发生什么？

教师用语言描述情境，依次遇到不同的、有点令人害怕的动物。

（说明：在导入环节，教师创设了假想情境——噩梦，营造黑夜的氛围。关键点是，教师设计了一扇半开放的门，门上留了一个可钻过一人的小洞。小洞的形状是人的耳朵，在后续活动中，幼儿要通过这个小洞进入戏剧主角的梦境）

活动开始，教师和幼儿都在活动室外。教师说："小朋友，今天我们要进入一个奇幻的世界，我们要像小精灵一样轻轻地走路、不说话，不能惊醒周围的世界。看一看，这个奇幻世界究竟会发生什么？我们要悄悄地进入奇幻世界哦！"教师和幼儿依次钻过小洞，进入活动室。这时，活动室内正播放恐怖的音乐。教师轻声地说："跟上我，不要掉队哦！"走了几步后，教师将音乐的音量稍稍调大说："啊！树上有一条毛毛虫。"有的幼儿露出被惊吓到的表情，低头弯腰地走过。教师又说："啊！草丛里有一条毒蛇。"幼儿绕道走过。接着，教师说："啊！树林里有一只大灰狼。"幼儿快跑通过。教师接着引导："跳进河里。啊！有食人鱼，快游啊！"幼儿做快速游泳动作。教师又说："终于到大海里了，啊！大鲨鱼来了，救命啊！救命啊！我要逃回家！"教师用语言描述情境，声音由小逐渐变声，语调也要表现得越来越害怕，使幼儿在音乐、教师的语言以及自身的即兴表演中体验紧张、害怕的情绪并逐渐提升气氛。

2.（音乐停止，拉开窗帘）师：原来，我们进入了贝贝（戏剧主角）的梦境。

（说明：当幼儿的负面情绪达到顶点时，游戏转折，恐怖音乐停止，窗帘拉开，使幼儿进入明亮的环境。教师说："大家快醒醒，坐在位置上休息一下。原来，我们进入了贝贝的梦境。贝贝和我们班小朋友一样，下个学期也要进入小学了，既有点盼望，又有3个害怕的问题，所以晚上睡觉做噩梦了。我们一起来看看他有哪3个令他害怕的问题，再想办法帮他解决这些问题。"教师以自然的语气向幼儿解释刚才恐怖情境发生的原因，缓解幼儿紧张的情绪，同时引出活动主题。）

（二）"坐针毡"：令人害怕的问题

教师用入戏的方式扮演贝贝，鼓励幼儿猜测贝贝害怕的问题。

教师以贝贝的语气，怯怯地对着幼儿说："听说你们有问题要问我。"

（说明：由于有了前期调查表中的问题经验，幼儿对贝贝提出的问题已经有所准备，经历了导入中的情绪共鸣，能够将自己的生活经验进行迁移。在这个环节，教师入戏扮演贝贝非常重要，要把幼儿在调查表中最担心的3个问题——害怕作业做不完、被同学欺负、上学迟到——通过贝贝这个角色反馈给幼儿，帮助幼儿明确并正视负面情绪）

（三）讨论：解决令人害怕的问题

（教师出戏）

师：刚才你们问了贝贝，他有哪些害怕的问题呢？

师：我们怎样帮助贝贝解决这3个问题呢？（鼓励幼儿想办法）

（说明：分别请3个幼儿将问题画在黑板上，教师帮助幼儿梳理要解决的问题，为接下来的分组表演做准备。画完问题后，教师引导幼儿讨论：如何解决这3个令人害怕的问题？然后将幼儿遇到的问题抛回给幼儿：为什么要这样做呢？因为遇到某一个问题的只是部分幼儿，另一部分幼儿没有这样的问题，他们在这方面已经有了解决办法，所以把问题抛回给幼儿，有了解决办法的幼儿就能分享他们的想法，集大家的智慧就能解决大家的问题。《3—6岁儿童学习与发展指南》提出：5～6岁儿童"能主动发起活动或在活动中出主意、想办法"）

**（四）分组扮演：解决问题**

师：你们想出了许多好办法，但贝贝已经回家了，没办法现在告诉他，听说贝贝特别爱看表演，如果你们能把解决办法表演出来，老师把你们的表演拍下来告诉贝贝，我想他可能就不会害怕了。

幼儿分成3组，每组选择一个问题的解决方法进行表演。

1.3组自主排练，教师巡回指导。

2.3组依次表演，其他组予以简单评价。

（说明：教师提出更高的要求，让幼儿用戏剧表演来表现解决问题的过程，帮助幼儿通过语言、表情、肢体动作进一步缓解负面情绪，渲染积极向上的认知体验。教师要求幼儿表演的内容包括肢体建构、情境表演和主持解说。教师指导幼儿通过肢体动作将情绪表达得合理而又生动形象。幼儿解决问题的办法丰富多样，如针对"找不到教室的"问题，有的幼儿提出要提前画好路线图，有的幼儿提出可以主动向别人寻求帮助，还有的幼儿提出要学会认识班牌……）

**（五）放松游戏：音乐想象——美梦**

（播放舒缓音乐，关紧窗帘）

师：贝贝现在再也不害怕上小学了，他做了一个美梦，梦见自己背着书包走进小学，遇见了好朋友，还有哥哥姐姐和他一起玩游戏……

（说明：通过音乐想象"美梦"，开展放松活动。在音乐中，教师用轻柔的声音对幼儿提出的解决问题的思路和方法进行总结梳理。）

**【活动反思】**

本次活动最主要的目标是舒缓幼儿的负面情绪，为幼儿建立直面问题和解决问题的信心。活动中用了空物想象、情境表演、"坐针毡"、音乐想象、故事旁述、讨论、绘画等方式。《3—6岁儿童学习与发展指南》指出，最大限度地支持和满足幼儿通过直接感知、实际操作和亲身体验获取经验的需要。所以，与其生硬地说教，不如让儿童亲身体验来得深刻。整个活动是在连贯的情境中激发幼儿用多种感官去发现问题、解决问题，让幼儿通过迁移经验、语言表达、肢体表现去勇敢面对自己的负面情绪，用开放的、积极的戏剧表演方式去缓解紧张、害怕的负面情绪，并逐渐转化为积极、向上的正面情绪。

## 五、主题的环境创设与区域活动

儿童具有戏剧天性，也需要戏剧活动的滋养与激发。戏剧主题课程与班级环境创设活动是互相融合、相辅相成的。《幼儿园教育指导纲要（试行）》明确要求："幼儿园应为幼儿提供健康、丰富的生活和活动环境，满足他们多方面发展的需要，使他们在快乐的童年生活中获得有益于身心发展的经验。"在戏剧主题课程开展的同时，教师引导幼儿按照自己的意愿和想法参与班级环境创设，并与幼儿共同收集、制作与主题相关的区域材料。同时，随着幼儿在不同阶段活动中迸发的新想法和需求，教师对环境区域材料进行调整和增添。

戏剧主题课程分为导入、戏剧表达、戏剧创作、戏剧表演4个阶段。班级主题环境、区域环境设置及环境剧场将这4个阶段有机融合，构成一个完整的戏剧环境，为幼儿营造浓厚的戏剧氛围，为幼儿提供动手操作和戏剧展示的舞台，促进幼儿的戏剧表达与创作。

下面以大班戏剧主题课程"猪先生去野餐"为例，简单介绍在戏剧主题背景下班级主题环境、区域环境以及剧场环境的创设。

（1）导入阶段。导入阶段是整个戏剧主题活动的开端，即围绕戏剧主题的来源展开相关经验的铺垫。在这一阶段，我们在阅读区投放有关小猪及野餐的绘本，鼓励幼儿用肢体动作表演绘本里的主要角色，激发幼儿对戏剧主题的兴趣；制作绘本《猪先生去野餐》中猪先生遇到的动物外形及生活环境图片，让幼儿对角色有更深入的了解。

图1-1　导入阶段戏剧主题墙面

图1-2　阅读区：相关绘本

图1-3　墙面环境：绘本中各种动物的图片

（2）戏剧表达阶段。在戏剧表达阶段，幼儿在美工区利用各种材料表达对角色理解的内容；教师与幼儿一起绘制《猪先生去野餐》中的主要角色，让幼儿在充满戏剧氛围的环境里学习与游戏。在益智区投放不同层次的迷宫，让幼儿根据《猪先生去野餐》的路线图进行操作。

图1-4　美工区：绘本主要角色

图1-5　益智区：不同层次的迷宫

图1-6　戏剧表达阶段戏剧主题墙面

（3）戏剧创作阶段。在戏剧创作阶段，教师通过戏剧冲突引导幼儿创作戏剧情节。幼儿在创作区利用各种材料自制绘本，制作环境剧场所需的服装、道具、场景等，进一步丰富环境剧场。

图1-7　创作区：多种材料

图1-8　创作区：自制绘本《猪先生去野餐》

图1-9 环境剧场："猪先生的家（室内环境）"

图1-10 环境剧场："猪小姐的家（小院整体环境）"

图1-11 环境剧场："森林小路"

图1-12　环境剧场："森林花园"

图1-13　环境剧场："猪先生的家（室外环境）"

图1-14　环境剧场："猪小姐的家（卧室环境）"

图1-15　环境剧场："野餐时光"

图1-16　戏剧创作阶段戏剧主题墙面

（4）戏剧表演阶段。在集体活动和自由活动时间，幼儿到环境剧场进行表演活动，将前期的戏剧导入、戏剧表达、戏剧创作所获得的经验迁移到环境剧场中，并在表演中不断进行经验的重构与整合，获得新经验。

图1-17　幼儿在环境剧场自主表演

以大班戏剧活动"牙齿大街的新鲜事"为例，进一步介绍主题的环境创设与区域活动在戏剧教学中的应用。

## 戏剧活动：牙齿大街的新鲜事

### 一、主题说明

口腔健康关乎每个人的幸福生活，对于正处于牙齿发育阶段的幼儿来说更为重要。幼儿进入大班后要面对牙齿脱落的自然现象，同时，教师注意到有很多幼儿有蛀牙，因此有必要让幼儿学会如何保护自己的牙齿。

如何让幼儿树立口腔保健的意识，养成刷牙、护牙、爱牙的好习惯？教师在阅读区投放了绘本《牙齿大街的新鲜事》。该绘本讲述了两个牙虫哈克和迪克在牙齿里发生的事情，帮助幼儿了解龋齿的由来及对牙齿的危害。有一天，教师听到两个幼儿在争论："我是哈克，我是最厉害的牙虫大王。""我是迪克，我才是牙虫大王。"激烈的争论声吸引了一大群幼儿加入他们的辩论。一连好几天，热闹的辩论都未停歇。于是，我们以绘本《牙齿大街的新鲜事》作为主题开展戏剧活动，通过戏剧活动把幼儿直接带入故事的角色，让幼儿在戏剧活动的轻松氛围中学会保护牙齿，逐渐养成良好的口腔卫生习惯。

**二、主题目标**

1. 每天早晚主动刷牙，养成良好的口腔卫生习惯。

2. 了解牙齿的主要构造及其对人的重要性，知道龋齿形成的原因和过程，懂得保护自己的牙齿。

3. 探索戏剧情境中牙虫、牙齿警察、牙齿主人、牙医等不同角色的音色，能准确地表达角色的特有情感。

4. 尝试用肢体动作和表情等多种方式创造性地表现出牙虫和牙齿警察的表情和动作特征。

5. 明白自己和同伴所表达、创作或表演的角色，并坚持做好自己的表演。

6. 大胆创编和表演牙虫在牙齿里生活及牙虫和牙齿警察冲突的场景，并为表演搭配简单的服饰、道具或布置场景。

7. 能从自己的视角大胆表达"怎样爱护牙齿"，并能在教师的帮助下创编剧本。

8. 在环境剧场表演时，声音清楚响亮，能遵守剧场的规则，体验和同伴合作表演的快乐。

**三、主题价值分析**

1. 幼儿通过理解绘本故事内容扮演角色，切身体会保护牙齿的重要性。

2. 幼儿通过讨论、故事创编、情节演绎等多种方式提升创编、创演能力。

3. 幼儿能利用生活中常见的材料，结合戏剧主题建构立体的、流动的环境剧场，根据自己选择的角色自主搭配能够凸显角色特征的服装、道具。

4. 幼儿通过戏剧表达、戏剧创作、戏剧表演发展语言表达能力、社会交往能力、想象力、创造力等。

5. 鼓励家长参与到戏剧主题活动中，通过亲子戏剧、社区表演等形式达到家园携手促进幼儿健康、和谐、全面发展的目的。

**四、主题树**

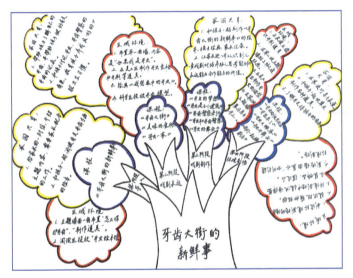

图1-18　《牙齿大街的新鲜事》戏剧主题树

**五、给家长的一封信**

亲爱的家长：

您好！

您是否也在为孩子不重视口腔卫生而烦恼？牙齿是我们需要保护的器官之一，孩子从6岁左右开始换牙，牙齿不好会影响进食及营养吸收，不利于身体健康，因此我们应该引导孩子重视保护牙齿。

《牙齿大街的新鲜事》的故事情节妙趣横生，生动地让孩子们懂得了如何保护牙齿。我们在尊重孩子的探究兴趣和需求的基础上，以本书内容作为戏剧主题，让孩子在模仿、创作、表演中表达对角色的理解和认识，在创作表演中提高思考能力、表达能力、合作能力和动手能力，同时认识到牙齿对人的重要性，从而主动养成良好的口腔卫生习惯。

家庭是幼儿园重要的合作伙伴，因此，在主题戏剧活动实施的过程中，请您积极支持和配合如下工作：

1. 帮助孩子了解自己的牙齿并做好有关牙齿的记录。

2. 督促孩子刷牙，教给孩子正确的刷牙方法，培养孩子良好的口腔卫生习惯。

3. 和孩子一起制作营养菜谱，了解对牙齿健康有益的食物和对牙齿健康无益的食物，无益的食物尽量少吃。

4. 和孩子一起制作绘本《牙齿大街的新鲜事》，孩子绘画，家长帮忙记录。

5. 帮助孩子收集需要的材料，如制作服装、道具的材料等。

6. 了解并支持孩子扮演的角色，和孩子一起进行装扮，包括制作头饰、服装、小道具等。

7. 参与孩子的表演游戏，和孩子一起感受亲子表演的快乐。

大（5）班教师

2018年3月31日

## 六、主题活动

表1–3　主题活动明细

| 主题流程 | 活动名称 | 活动目标 |
|---|---|---|
| 导入 | 绘本《牙齿大街的新鲜事》 | 1.能模仿绘本中主要角色的经典动作，并设计其造型。<br>2.理解绘本中的角色，熟悉故事内容。<br>3.大胆表达自己的发现和感受，有参与模仿和表演的欲望 |
| 戏剧表达 | 牙齿大街 | 1.通过观察图片了解牙齿的各种形态。<br>2.尝试与同伴合作表现牙齿造型，体验合作表演的乐趣 |
| | 美味的食物 | 1.知道绘本中主要角色——牙虫的基本特征。<br>2.尝试模仿牙虫休息、工作时的不同语言、动作和表情。<br>3.愿意与他人合作表演，在表演中增强与他人合作的意识 |
| | 牙虫的一家 | 1.知道龋齿形成的原因和过程，懂得要保护自己的牙齿。<br>2.能用肢体动作大胆地表现不同食物的造型。<br>3.在模仿中体验角色扮演的乐趣 |

续　表

| 主题流程 | 活动名称 | 活动目标 |
|---|---|---|
| 戏剧创作 | 牙虫的梦想 | 1.尝试用绘画的方式表达牙虫建构牙齿大街的梦想。<br>2.能有序、连贯、清楚地介绍自己的作品。<br>3.体验合作创作的快乐 |
| | 牙虫是<br>小小建筑师 | 1.大胆想象并用肢体动作表现牙虫建构房子的场景。<br>2.能用表情、动作、语言表现牙齿主人的不适。<br>3.在自由讨论和表演中体验戏剧创作的快乐 |
| | 牙齿警察来了 | 1.学习正确的刷牙方法，养成良好的口腔卫生习惯。<br>2.能够模仿牙齿警察工作时的不同动作。<br>3.能主动参与戏剧活动，大胆表达自己的想法 |
| | 牙虫和<br>牙齿警察 | 1.能用不同的声音、语言和动作表现牙虫和牙齿警察的典型特征。<br>2.大胆创编牙虫和牙齿警察的对话以及故事情节。<br>3.在戏剧表演中体验合作表演的快乐 |
| | 牙虫大搬家 | 1.结合自己的经验创编牙虫大搬家的场景。<br>2.在角色扮演中通过表情、动作和语言体现牙虫从沮丧到高兴的过程 |
| | 牙虫的舞会 | 1.大胆想象并创编牙虫开舞会的场景，能够借助一些简单的道具来丰富角色形象。<br>2.在角色扮演中创编简单的舞蹈动作，尝试用肢体和语言表达对乐曲的感受。<br>3.积极参与戏剧表演，感受角色扮演的乐趣 |
| | 牙医来了 | 1.理解并尝试表演牙虫遇到牙医的钩子时的情景。<br>2.能用表情、动作和语言表现牙虫的害怕和惊恐。<br>3.愿意分角色扮演，积极参与表演活动 |
| | 我们<br>一起编创剧本 | 1.能按照情节发展顺序讲述故事内容。<br>2.分组采用绘画的方式记录故事片段，并将故事片段串联成完整的剧本。<br>3.体验编创剧本的乐趣 |
| 戏剧表演 | 环境剧场 | 1.根据故事的内容创设牙齿大街、牙虫的家和牙虫的舞会3个场景。<br>2.用肢体动作、表情、语言演绎不同的"剧本" |

# 七、活动设计

## 戏剧活动：绘本《牙齿大街的新鲜事》

### 【活动目标】

1. 理解绘本中的角色，熟悉故事内容。

2. 能模仿绘本中主要角色的经典动作并设计其造型。

3. 大胆表达自己的发现和感受，有参与模仿和表演的欲望。

### 【活动准备】

1. 绘本《牙齿大街的新鲜事》。

2. 轻柔、舒缓的背景音乐。

### 【活动过程】

**（一）暖身活动：牙虫找家**

把幼儿分成两组，一组幼儿两两拉手扮演家，另一组幼儿扮演牙虫。一只牙虫一个家。教师说指令：牙虫组建家（1～10级），当教师说到10级时，扮演牙虫的幼儿迅速找家，扮演家的幼儿在原地不动。教师说指令：家要重建，牙虫不动，扮演家的幼儿走动重新找朋友拉手。

**（二）主题活动**

1. 欣赏绘本故事（教师讲述）。

教师：故事里有哪些角色？讲述了一件什么样的事？故事发生在什么地方？牙齿大街应该是什么样子的？

2. 采用轮廓图的策略，引导幼儿说出主要角色哈克和迪克的主要特征，幼儿分成4组合作绘画、记录。

3. 幼儿根据自己组绘画的哈克和迪克的典型动作自由模仿，定格造型后教师拍下来，活动后展示在墙面一角。

**（三）放松活动：牙齿的真心话**

（播放舒缓的音乐）幼儿以牙虫的角色——对牙齿的主人说一句心里话，如希望牙齿的主人少吃糖果、牙齿的主人你要多刷牙哦……

## 戏剧活动：美味的食物

【活动目标】

1. 知道各种食物的外形特征，尝试用肢体动作表现食物的外形特征。

2. 在"吃"的过程中大胆表现食物变形和变小的过程。

3. 愿意与他人合作表演，在表演中增强与他人合作的意识。

【活动准备】

菜篮子、各种食物图片、背景音乐。

【活动过程】

（一）暖身活动：食物蹲、蹲、蹲

幼儿自由选择表演某一种食物，然后分成几行站好。教师说："某某蹲、某某蹲、某某蹲。"被点到食物名字的幼儿做蹲的动作，错误的出局，游戏继续，类似水果蹲的玩法。

（二）出示各种食物图片，采用"雕塑家"策略用肢体表现各种美食

1. 师：刚才买到的菜都做成了这些好吃的东西，它们是什么样子的？幼儿摆造型，教师做"雕塑家"调整幼儿的动作，使其更能凸显该食物的特征。

2. 幼儿独立或与同伴合作用肢体摆出食物的造型，教师拍下幼儿的食物造型。

（三）用空物想象策略，尝试用肢体表现食物变形

师：食物都做好了，我要吃东西啦。我要先用门牙咬一口，再用磨牙嚼一嚼。幼儿根据教师的讲述调整造型。

（四）放松活动：（音乐想象）食物去哪啦？

在音乐背景下，教师讲述食物被吃后的旅程。

## 戏剧活动：牙虫的一家

【活动目标】

1. 能用肢体动作表现自己想象中的牙虫的基本特征。

2. 大胆想象牙虫的生活场景，创编牙虫一起生活的情节。

3. 在模仿中体验角色扮演的乐趣。

【活动准备】

幼儿画过的想象中的牙虫、装扮材料、背景音乐。

【活动过程】

**（一）暖身活动：我说是谁就是谁**

幼儿扮演牙虫，在欢快的音乐中自由舞蹈。当音乐停时，教师说"搬食物的牙虫"，幼儿就做出搬食物的样子。音乐响起，"牙虫"再次舞蹈。当音乐再次停下时，教师说"挖牙洞的牙虫"，幼儿做出挖洞的样子。（幼儿的模仿随教师的指令而变化）

**（二）用不同材料装扮自己，变成牙虫家里的不同成员**

1. 介绍材料，说说可以怎么装扮。

2. 装扮自己。

3. 同一角色在一起做造型。教师拍照。最后牙虫一家一起拍照。

**（三）用定格和即兴扮演策略表现牙虫一家的快乐生活**

1. 定格策略：牙虫一家看见并等待食物、牙虫一家吃食物、牙虫一家吃完食物。

2. 即兴扮演策略：牙虫在家里吃完食物后的活动。

**（四）放舒松活动：说说心里话**

幼儿扮演牙虫家的一员，对全家人说一句表达自己情感的心里话。

## 戏剧活动：牙虫的梦想

【活动目标】

1. 尝试用绘画的方式表达牙虫建牙齿大街的梦想。

2. 能有序、连贯、清楚地介绍自己的作品。

3. 体验小组合作创作的快乐。

【活动准备】

笔、画纸、轻音乐。

【活动过程】

**（一）导入：戏剧游戏"堆房子"**

幼儿两人一组游戏，一边念儿歌："一二三四五六七，马兰花开二十一，二五六，二五七，我的房子堆好了。"一边拍手勾脚单脚跳。幼儿两两一组合作做一个独特的造型。游戏可以反复多次进行。

**（二）采用建构空间策略表达牙虫建构牙齿大街的梦想**

1. 讨论：牙虫家族的梦想。

2. 分组绘画表现牙虫建牙齿大街的梦想。

3. 各组有序、连贯、清楚地介绍自己的作品。

**（三）结束：戏剧游戏"身体橡皮筋"**

幼儿坐在一个合适的空间里，教师用语言提示幼儿："我们的身体就像皮筋，可以慢慢拉动变长。"教师播放舒缓的音乐，幼儿原先收在胸前的手臂慢慢拉开伸长。教师也可以请幼儿躺下，进行全身拉伸运动。

## 戏剧活动：牙虫是小小建筑师

**【活动目标】**

1. 大胆想象并用肢体动作表现牙虫建房子的场景。

2. 能用表情、动作、语言表现牙齿主人的不适。

3. 在自由讨论和表演中体验戏剧创作的快乐。

**【活动准备】**

游戏音乐、活动场地、铃鼓。

**【活动过程】**

**（一）导入：戏剧游戏"牙齿找家"**

1. 进行"牙齿找家"的戏剧游戏。

2. 进行"牙齿找家升级版"的戏剧游戏。

**（二）教师入戏：扮演牙虫哈克，邀请其他牙虫帮忙建房子**

1. 讨论建房子需要的工具及使用工具时的动作。

2. 用肢体动作表现建房子的场景。

3. 教师带幼儿出戏。

**（三）讨论：蛀牙对人体的影响**

当牙虫在建牙齿大街的时候，牙齿的主人会怎么样？

（四）角色扮演

一半幼儿扮演牙虫，一半幼儿扮演牙齿主人，然后交换角色。

（五）结束：戏剧游戏"给自己按按摩"

当轻柔的音乐响起时，幼儿伴随音乐自由做按摩动作，要求动作越来越慢。

## 戏剧活动：牙齿警察来了

【活动目标】

1. 大胆想象牙齿警察的模样，并用语言描述其形象特征。

2. 尝试用动作、表情和声音来表现牙齿警察的性格特点。

3. 主动参与戏剧活动，大胆表达自己的想法。

【活动准备】

大牙刷、纸、笔、音乐。

【活动过程】

（一）导入：戏剧游戏"牙虫遇险"

部分幼儿手拉手围成圆圈代表牙齿，拉手的地方为牙缝；部分幼儿扮演牙虫，在牙缝之间钻来钻去。教师扮演牙刷去抓牙虫。牙虫则尽量不要被牙刷抓到。

（二）采用轮廓图策略，讨论牙齿警察的形象

1. 教师向幼儿传递牙齿警察要来牙齿大街的信息。

2. 幼儿想象并描述牙齿警察的外貌特征，教师提示幼儿从长相、穿着、所携带物品等方面大胆想象，并在人物轮廓图上画出来。

（三）幼儿扮演牙齿警察，感受其性格特点

1. 牙齿警察是个什么样的人？他来牙齿大街做什么？

2. 创设情境，幼儿以牙齿警察的语气和表情说一句话，进一步体验牙齿警察的性格特征。

（四）结束：放松游戏"牙齿警察去巡逻"

音乐起，幼儿扮演牙齿警察到牙齿大街巡逻。

## 戏剧活动：牙虫和牙齿警察

【活动目标】

1. 能用不同的声音、语言和动作表现牙虫和牙齿警察的典型特征。

2. 大胆创编牙虫和牙齿警察的对话和故事情节。

3. 在戏剧表演中体验合作表演的快乐。

【活动准备】

音乐、活动场地、铃鼓。

【活动过程】

（一）导入：戏剧游戏"不能说话不能动"

一半幼儿扮演牙虫，一半幼儿扮演牙齿警察。扮演牙虫的幼儿边走边念："牙齿大街有牙齿警察，不能说话不能动，动了就会被发现，会被牙齿警察抓走的。"

（二）采用镜像画面策略，幼儿体验与表现角色的不同情绪

1. 牙齿警察来了以后。

讨论：牙齿大街来了多少牙齿警察？他们要抓走牙齿大街的所有牙虫吗？

教师：牙虫是什么样的心情？又会是什么样的表情和动作呢？

采用镜像画面策略，幼儿分组合作表演勇敢的牙齿警察和紧张、害怕的牙虫。

2. 讨论：牙齿警察抓住了牙虫，这时他们的表情和动作又是什么样子的？采用镜像画面策略，幼儿分组合作表现开心的牙齿警察和伤心、难过的牙虫。

（三）分角色表演牙齿警察清理牙齿大街的情节

1. 讨论：牙齿警察来了。

教师：牙齿警察说了些什么话，做了些什么？

教师：牙虫心情如何？他们会说些什么，做些什么？

教师：牙齿警察抓住所有牙虫后心情如何？他们会说些什么，做些什么？牙虫会说些什么，做些什么？

2. 尝试初步表演"牙齿警察和牙虫的故事"。

（四）结束：放松游戏"给自己按按摩"

当轻柔的音乐响起时，幼儿伴随音乐自由做按摩动作，要求动作越来越慢。

## 戏剧活动：牙医来了

【活动目标】

1. 理解并尝试表演牙虫遇到牙医的钩子时的情形。

2. 能用表情、动作和语言表现牙虫的害怕和惊恐。

3. 愿意分角色扮演，积极参与表演活动。

【活动准备】

医生的白色衣服、牙虫的头饰、音乐。

【活动过程】

（一）导入：戏剧游戏"看牙医"

幼儿扮演看牙医的病人，教师扮演牙医，幼儿轮流走到牙医面前介绍自己的病情。

（二）采用"坐针毡"的策略，教师讲述牙虫的遇险经历

教师戴上牙虫的头饰入戏"坐针毡"，通过与幼儿的对话讲述自己遇到牙医的故事。

（三）采用"遥控器"的策略，让时光倒流到牙虫跟牙医相遇的时刻

教师说旁白，幼儿根据教师的旁白进行"时光倒流"，顺序为牙虫在地中海晒太阳—被冲到下水道—钳子把牙齿从嘴巴里拔出来—看到钳子— 一束强光照进来—嘴巴张开。

（四）采用事件重演的策略，分角色表演牙虫和牙医的故事

1. 请个别幼儿分别扮演牙虫和牙医，请其他幼儿进行点评。

2. 进行分组扮演。

（五）结束：戏剧游戏"牙虫晒太阳"

在音乐背景下，教师讲述："牙虫被冲到了地中海，每天都躺在沙滩上晒太阳，真舒服呀！从这以后，牙虫再也不去找牙齿的麻烦了。"

## 戏剧活动：我们一起创编剧本

【活动目标】

1. 知道剧本由若干幕构成。

2. 能根据戏剧创作的照片记录并讲述剧本的内容。

3. 能用连环画的形式创作完整的剧本，体验创作剧本的快乐。

【活动准备】

幼儿创作《牙齿大街的新鲜事》所需的照片、白纸、蜡笔。

【活动过程】

（一）出示戏剧创作的照片，幼儿讲述剧本内容

教师：我们要把创作的故事《牙齿大街的新鲜事》做成一个剧本。请看看这些照片，我们来讲一讲这个故事。

（二）讨论剧本各幕名称和连环画剧本，说画面内容

1. 再次欣赏照片，讨论各幕名称。

教师：请看看这一组照片，讲的是……也就是第×幕。第×幕的名称是什么呢？

2. 根据各幕名称讨论所画内容。

教师：我们的剧本是连环画剧本，由一幅幅图画组成。每一幕画一幅画，画些什么呢？

（三）绘制连环画剧本

幼儿分组绘制连环画剧本。

（四）展示与交流

各组幼儿将本组绘制的连环画剧本展示给大家看，其他组的幼儿发表意见。

# 八、主题环境区域的设置与展示

班级的环境创设主要分为3个部分：主题环境创设、区域环境创设和环境剧场创设。

（一）主题环境创设

图1-19　主题墙呈现课程脉络

图1-20　幼儿的表征："牙齿大街"连环画

图1-21　牙虫的储藏室和厨房

图1-22　牙虫书吧

图1-23　牙虫家族的专属泳池

图1-24　牙虫的草莓床

图1-25　牙虫的浴室

## （二）区域环境创设

图1-26　语言区：牙齿公寓

图1-27　阅读区：牙虫绘本馆

图1-28　幼儿阅读相关绘本，同伴交流想法

图1-29　美工区：牙齿大街工作室

图1-30　制作道具的材料

图1-31　幼儿在美工区制作牙刷

图1-32　幼儿和同伴一起制作哈克、迪克的铲子

图1-33　幼儿设计的"牙虫一家"

图1-34　幼儿在科学区利用各种颜料及牛奶等材料制作迪克的饮料

## （三）环境剧场创设

图1-35　环境剧场1：牙虫的美食会

图1-36　环境剧场2：龋齿大街

图1-37　环境剧场3：牙虫的家

# 第二章

# 环境剧场的建构与实施

环境剧场的时间到了，幼儿来到自己新布置的环境剧场"猪先生的家"。他们在建构区用积木当作栅栏，将栅栏围成一个圈当作小猪的家，然后在栅栏上缠绕绿色的藤蔓，用积木平铺在地上当作床，再找来一张沙发和一张桌子，在桌子上摆放一个插了花的花瓶，在角落里摆上一个音箱——看来这是一位爱音乐的猪先生。

随后，幼儿继续用积木搭建了一条通往猪小姐家的路，路的两旁是幼儿用废旧KT板制作的小草和小树。

在路的另一头，幼儿用废旧纸箱搭建好了一座小房子，小房子旁边建了一个小游泳池。这就是"猪小姐的家"了。

"猪小姐的家"附近的一块空地上有一个移动衣柜，里面挂了很多用废旧材料制作的漂亮衣服，旁边的矮柜上摆放了一些头饰道具。幼儿说这是环境剧场中的"快乐大本营"。

这是幼儿根据《猪先生去野餐》布置的环境剧场。这和幼儿园班级里常态的表演区、小舞台或建构区有什么区别？其实它们的区别大着呢。过去教师会认为幼儿园的戏剧游戏就是表演，经过多年的实践积累，现在教师认识到幼儿的戏剧游戏不仅仅是表演，还是一种令人惊艳的情感抒发和人际交往方式。因此，它不仅仅发生在舞台上，还可以发生在幼儿园的各个角落。而不同场地、不同角落的空间特点都能为幼儿的戏剧游戏提供不同的想象支持。

环境剧场的建构理念来自美国纽约大学戏剧教育学者、后现代戏剧代表人物理查·谢克纳的"环境剧场"概念。2018年，北京师范大学珠海分校学前教育学科带头人张金梅教授带领我园进行"生长戏剧"课程研究，把环境剧场的理念介绍给我们。环境剧场强调：

（1）就表演而言，一个环境是行动发生的地方。

（2）对于生态或戏剧的环境，不仅可以把它们想象成空间，而且可以把它们想象成复杂的转换系统中的主动玩家。它们是在充满活力的空间里有机地发生的事件中的相互作用者。

（3）所有空间都为表演所用。

（4）戏剧事件可以发生在一个完全改变了的空间或一个新发现的空间里。

可见，环境剧场与以往的表演区小舞台或建构区有本质的区别：

（1）以往表演区设置的地方和进区人数一般都是有规定和限制的，是根据课程目标来创设的环境，主要突出的是材料的投放和教师的现场指导。

（2）常规的剧场舞台更注重装饰效果，选的地方是固定不变的，台词、角色以及舞蹈动作都是事先排练好的，更加注重灯光、音效、服饰、妆容等的舞台效果。

相比而言，环境剧场是开放的空间，没有太多演员和观众的界限，观众可以成为演员，演员也可以成为观众。生活中的一切场景都是潜在的剧场。环境剧场可以是流动的、多元的。

在幼儿园戏剧活动中，最重要的不是舞台，而是空间。戏剧环境是由教师和幼儿共同创设和建构的活动环境，为幼儿的戏剧活动提供潜在的支撑，是绘本戏剧活动的延伸区域。环境剧场可以根据大、中、小班不同年龄段设置环境场景，也可以根据故事情境需要设置多个场景。场景可以选择不同材料进行搭建。由于演员和观众是流动的，场景的可塑性更强。

在此基础上，我们将户外自主游戏与戏剧相融合，引导幼儿在自主搭建场景、自主选择塑造角色、自主创编情节、走进剧场的过程中养成良好的行为习惯和品格。

## 一、创设环境剧场的前期指导

绘本区是幼儿最喜欢的地方，在绘本区，教师与幼儿共读了绘本故事《猪先生去野餐》，幼儿对"野餐"非常感兴趣：什么叫"野餐"？野餐有哪些食物？野餐的方式是什么？为此，教师邀请家长和幼儿一起收集关于野餐的知识，然后组织幼儿对搜集而来的信息进行交流分享。幼儿认为"野餐"就是在野外、河边或者公园里吃好吃的食物。他们去野餐最喜欢带的食物是巧克力、蛋糕、鸡翅等。那猪先生喜欢吃的食物是什么呢？

有关野餐的调查问卷

亲爱的爸爸妈妈：

　　本月我们开展的戏剧活动是《猪先生去野餐》，为了更好地开展这个戏剧活动，特请家长与孩子一起完成有关野餐的调查问卷，谢谢配合！

表2-1　有关去野餐的调查问卷

| 问题1 | 你去野餐过吗？ | 去过 |
|---|---|---|
| 问题2 | 你觉得哪些地方适合野餐呢？ | 公园、山坡上、草地、自家的院子 |
| 问题3 | 野餐需要准备些什么？ | 帐篷、水果、饮料、吊床、面包、雨伞 |
| 问题4 | 你喜欢野餐吗？为什么？ | 喜欢，可以和好朋友、爸爸妈妈一起去玩 |
| 有关野餐的照片 | | |

　　绘本是剧场创建和表演的蓝本，理解绘本的关键信息是剧场创建和表演的基础。在这个故事中，猪先生喜欢的食物是什么？他会做什么样的准备？幼儿热烈地讨论起来：猪先生一定会带果汁、蛋糕、水果等；猪先生还可能会带上音箱，因为他是一位爱音乐的猪先生……于是，在环境剧场中，幼儿会布置一个音箱，还会放上一些猪先生喜欢吃的食物。幼儿会思考：猪先生出门前会做哪些准备，如猪先生在出门前会精心地打扮，戴上一个很漂亮的领结。幼儿

还会思考：他会穿上一件怎样的西装呢？因此，环境剧场里要准备一个衣帽间，里面要放猪先生喜欢的格子西装。在精心打扮的时候，猪先生的表情是怎样的呢？他打扮得这么帅气想去干什么呢？原来猪先生是想邀请猪小姐一起去野餐，所以要特别准备。那他去邀请猪小姐的路上会发生什么有趣的事情呢？……教师带领幼儿深入细致地了解绘本，讨论绘本中主要角色的行为和情感，如猪先生、猪小姐、斑马、狐狸、狮子，细致地观察他们的动作和表情，尝试体验和表达角色的心理活动，从而使幼儿对绘本的感受和理解更加深刻。

可见，幼儿的经验来源于生活。野餐对于幼儿来说是家庭日常生活中常见的活动，在分享各自野餐经历的基础上理解共情猪先生的野餐活动，让幼儿的戏剧经验源于生活并高于生活，为后续的环境剧场表演奠定基础。

## 二、环境剧场的场景想象与建构

随着戏剧课程的进程，教师引导幼儿从绘本内容出发，结合情节脉络走向设定4个场景，并拟定对应的场景名称，分别是"猪先生的家""森林里""猪小姐的家""快乐大本营"。教师与幼儿一起针对场景布置的位置、如何搭建、为什么要这样搭建等问题进行讨论。教师做好记录整理。

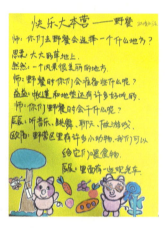

图2-1　教师与幼儿讨论环境剧场建构过程实录

在教师与幼儿讨论的过程中，教师发现幼儿对于空间的概念、教室周围的环境以及场景建构有一定的认知。例如，幼儿知道"猪先生的家"到"猪小姐的家"要经过森林里的小路、小河、大树下等路径，知道会遇到哪些小动物，对这些场景建构、距离长短有清晰的认知，还会利用游戏材料（积木、木板、万能工匠）来建构这些情境的细节。教师根据幼儿和场景建构的需要，提供适宜的建构材料，如桌布、花瓶、篮子等，支持幼儿的建构活动。

### （一）搭建"猪先生的家"活动内容

#### 环境剧场建构活动："猪先生的家"

### 一、室内环境——"小木屋"

图2-2　室内环境——"小木屋"

（一）建构初期，教师与幼儿谈论话题："猪先生的家"场景搭建计划

教师：在"猪先生去野餐"的环境剧场中，"猪先生的家"应该在哪里搭建好呢？

梓淇：教室里面吧。

嘉惠：不好，教室里太挤了。

允哲：在外面走廊才好。

幼儿（全体）：可以在建构区旁边搭建，用删栏围起来可以搭建成"家"。

教师：那他的家里会有些什么呢？

……

教师：好的，下面请小朋友自己做好搭建"猪先生的家"的计划吧！

（二）幼儿小组讨论活动

润霖：我感觉猪先生的家很大，床很暖、很漂亮。

鹤岩：我感觉他的桌布很漂亮。

一凡：他的家里应该有一面镜子，方便他打扮。

雨辰：他的家里应该有沙发、桌子，还有花瓶，花瓶里有花、音箱。他是个喜欢音乐的先生。

图2-3　"小木屋"中的沙发、桌子布置

欣然：我们可以把教室里的小沙发搬出来放在客厅里。

康馨：他们每天做游戏，一起快乐地生活。

诗妍：我们可以把栅栏搬过来，再加些叶子和花，做成美丽的篱笆墙，小鸟飞来飞去。

（三）建构中期活动实录

幼儿（全体）：我们还需要做一张床，可以睡觉用。

教师：你们想用什么材料做呢？

辰宇：可以用椅子搭在一起。

梓琪：可以用积木拼搭床。

辰宇：我觉得用椅子拼在一起更像床。

梓琪：椅子不安全，会掉下来的。

佳茵：我们还可以带一些小枕头或娃娃放在里面。

设计意图：幼儿善于利用身边的材料搭建环境剧场，并且会根据角色的特点进行布置和装饰。比如，幼儿从绘本图片中看出猪先生很会生活、很讲究，于是在猪先生的家中摆上穿衣镜，在桌子上铺上漂亮的桌布，在花瓶中插上鲜花，在精致的篮子里装满食物，而且猪先生的家里还有花园，幼儿自主用肢体动作表现花草树木及装饰物。在建构与表演的过程中，环境剧场不是一成不变的，教师可以根据幼儿剧场建构的需要或即兴表演的需要增减材料，进一步支持幼儿在环境剧场中的活动。

二、室外环境——"森林里"

图2-4　室外环境——"森林里"

（一）"森林里"场景建构计划与实施

教师：森林里有什么？

幼儿：有一条通往猪小姐家的路，还有各种大树、小草和小动物。

教师：森林里除了有这些还应该有什么呢？

幼儿：有小河。

教师：小河旁边还有什么？

幼儿：小河旁边有小花、小草，河里还有小鱼和小虾，它们在小河里游来游去。

教师：那我们如何来建构呢？

幼儿：我们可以用纸盒、卡纸等材料做一些小花、小草摆在小河的两旁。小路可以用积木搭建。

图2-5 幼儿合作搭建场景 图2-6 幼儿作品展示

（二）第一次场景搭建

教师根据幼儿提出的需要准备一些废旧的绿色KT板、废旧纸盒、油性笔、彩笔等。

幼儿经集体商量之后，利用自主游戏时间、区域活动时间或晚接时间和同伴一起选择适宜的材料进行道具的制作与场景的搭建。幼儿会自然而然地发挥自身的优势与同伴分工合作，如有的写字、有的画画、有的负责手工制作，还有的专门跑腿拿取材料。一天完不成任务，他们会持续几天进行，直到搭建完成。如果幼儿自主完成有困难，教师会在征得幼儿同意的前提下邀请家长了解并参与课程，亲子共同完成制作。在场景道具的制作与搭建过程中，幼儿的

社会交往能力、整体设计能力、动手操作能力、艺术审美能力、想象力、创造力、解决问题的能力等均得到锻炼和发展。

**（三）第二次场景搭建**

教师：野餐中需要什么样的材料？

幼儿：我们可以用轮胎、木板、桌布当作野餐的桌子，用万能工匠的圆饼当作椅子。娃娃家的锅碗瓢盆、烧烤架和帐篷也可以用上。

图2-7　场景搭建

设计意图：在环境剧场建构中，幼儿会天马行空地根据场景的需要就地取材，构建自己所需要的剧场。他们的生活经验更丰富了，建构的场景更真实了（增加了锅碗瓢盆、烧烤架、帐篷等真实器具），同伴之间的协作性更强了。幼儿自我探索、自我合作、自我解决问题的能力在环境剧场的建构中得到了充分体现。教师适时提出开放性问题引导幼儿积极思考，与同伴交流合作，满怀热情地投入到环境剧场活动中，尽情享受着剧场表演带来的愉悦。

总体而言，在每个阶段的场景建构中，幼儿5~6人一组，自由组合进行场景建构的讨论活动，用语言沟通、交流的形式对场景建构时产生的问题进行探索、反思与调整，通过活动逐渐增强思考能力与解决问题的能力，而教师需要为幼儿的想象和建构提供充分的支持。

## （二）搭建"猪先生的家"的活动意义

### 1. 激发幼儿游戏兴趣是前提

选择幼儿感兴趣、符合其年龄特点、贴近幼儿生活经验的故事作为蓝本。创作来源于探讨，幼儿戏剧创作的欲望来源于幼儿的生活。一件物品（垫子、袋子、篮子）、一次经历（野餐经历）、一首歌曲（起床歌）、一幅画（幼儿创编的绘画）、一段故事（幼儿创编的故事）、一种想法或心愿（一家人幸福）都可能会引发幼儿的戏剧创作兴趣。

### 2. 丰富幼儿生活体验是基础

教师通过"野餐"调查表、谈话、观看相关视频、阅读绘本等方式丰富幼儿对野餐的经验，通过微信群、家园联系栏、给家长的一封信、主题环境布置等方式让家长充分了解课程，带着幼儿开展野餐活动，为后续课程开展打下基础。幼儿直接感知、亲身体验会生发戏剧创作的灵感。

### 3. 拓展区域与材料是重点

美工区、表演区、建构区、阅读区等是幼儿园经常活动的区域，幼儿可根据自己的需要到各个区域活动。在戏剧月的主题活动中，教师可根据剧情发展的需要对班级各活动区域进行添加或删减。区域活动可以为幼儿主题活动的开展奠定基础。在"猪先生去野餐"活动中，幼儿选择进入与戏剧主题相关的区域，而与戏剧主题无关的科学区、益智区和生活区无人问津。因此，教师对区

域进行了调整，保留了语言区、阅读区、美工区、表演区（环境剧场）4个区域。在区域计划环节，教师对区域牌也进行了调整，与户外大型积木游戏相融合，增设了"猪先生的家""森林里""猪小姐的家""快乐大本营"4个场景，并且添加到区域牌中，使其成为区域游戏的一部分。

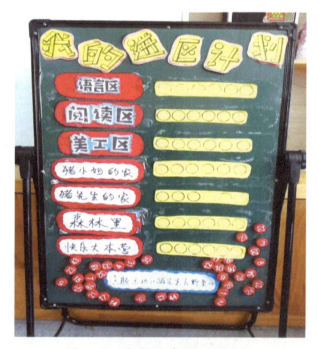

图2-8　环境剧场与常规区域的融合

### 4. 对话讨论是推进建构的重点

戏剧主题有的来源于幼儿的发现与创作，有的需要教师与幼儿一起探讨、进一步明确思路。其中，教师的提问引导能有效帮助幼儿思考，并引发幼儿彼此的交流分享。在环境剧场中，教师会通过一些开放性、发散性的问题引发幼儿深度思考，提升幼儿的戏剧经验。例如，在环境剧场中，教师会经常提问来达到提炼上一次活动经验、启发下一次活动实施的目的，如我们的环境剧场一共设置了几个场景？我们需要哪几首音乐？每个场景中选择什么音乐？分别有什么作用？上次在环境剧场中你们扮演了什么角色？你们遇到了什么问题？你们是怎样解决问题的？你们这次又准备扮演什么角色？你们想去搭建哪一个场景？你们想使用哪些材料？在表演时要注意什么问题？教师会提醒幼儿：搭建时，猪先生的家的每个场景都要有空间设置，道具布景和搭建的场景要合理，扮演角色时要坚持，并投入到角色和音乐中去。因此，教师要用具体明确的语言、有效的开放式提问把幼儿带入到一个新的环境剧场中去，激发幼儿的游戏热情，使幼儿的综合能力得到提升。

教师适当地提出开放性问题，引导幼儿积极思考，与同伴交流合作，让幼儿满怀热情地投入到环境剧场活动中去，尽情感受环境剧场带来的愉悦。

## 三、剧情的生发与丰富

在环境剧场中表演时，如何促进剧情的发生与发展呢？

### （一）角色描画是戏剧创作的基点

教师组织幼儿一边扮演一边商量。例如，在"猪先生去野餐"活动中，教师提问：在大树下面，猪先生遇到了谁？他们长什么样？他们喜欢做什么事情？他们最想得到（或需要）什么？他们去干什么？他们会怎么说，又会怎么做呢？角色的形象从教师与幼儿的互动中进行描画，教师鼓励幼儿用肢体、动作等表现这些角色形象。

### （二）冲突架构是戏剧创作的关键，也是戏剧核心的关键

幼儿对戏剧冲突会有不同的观点和建议，需要集体商量，形成相对一致的观点。以"猪先生去野餐"为例，猪小姐为什么在看到猪先生时会害怕？为什么说他是妖怪？猪小姐打开门看见猪先生时首先是什么表情，接着会说什么话？猪先生会怎么做？当猪先生落荒而逃碰到小动物时，小动物会怎样说？猪先生又会怎样说？教师可以入戏其中的角色以支持引导幼儿的创作，也可以出戏，默默地观察并帮助幼儿创作。前者更适合小班或者有难度的戏剧创作，对于有经验的中班、大班幼儿，或对处于最近发展区的幼儿，教师通常会选择先观察，然后用行为暗示、同伴启发等方法予以支持。

### （三）关键的提问是戏剧创作的深化

在扮演的过程中，教师需要不断发现精彩、简洁、生动的角色语言，鼓励幼儿互相模仿、学习，以进一步提升幼儿的表现力。只有这样，幼儿的戏剧创作和表达才会一步一步丰满、生动起来。这个过程汇聚了教师与幼儿的智慧，幼儿会在积累和表达的过程中体会到成就感和满足感，而戏剧创作的魅力就在于此。

### （四）教师适宜地介入推进剧情发展

教师在环境剧场活动中应做好观察记录并适时介入指导。教师可以通过角色、音乐、示范、相互观察的介入方法适时介入引导，也可以引导幼儿对照片、视频进行分享讨论。

例如，在小班戏剧活动"想吃苹果的鼠小弟"中，由于小班幼儿的戏剧经验比较欠缺，教师会采用音乐介入法提醒幼儿进入角色：扮演小白兔的幼儿一听到活泼欢快的音乐就知道自己该上场了，扮演乌龟的幼儿一听到缓慢、笨重的音乐就知道轮到自己了。在环境剧场中，音乐通常是指挥棒，不同的音乐提醒幼儿进行不同的工作，有时会提醒幼儿何时上场、何时离场，有时会提醒幼儿何时建构、何时收拾整理。

各种不同的介入方法有助于幼儿分享游戏经验和情感体验，教师应捕捉幼儿在活动中的亮点并加以肯定和鼓励。教师根据幼儿在游戏中提出的个别问题加以简单的讨论，并以征求意见的口吻提出建设性的意见，充分体现以幼儿为主体的游戏活动和游戏评价。

### （五）联络人的出现让幼儿更自由自主

在环境剧场中，联络人是演员和观众之间的纽带。演员和观众随时转换身份，容易产生混乱。联络人作为演员和观众之间的纽带，需要对其身份转换有所了解并协调：互通演员和观众的想法、行动，可以决定是否同意身份转换；维护演员和观众之间的契约，演员必须遵守大家共同制订的假定性等契约，观众必须遵守安静欣赏、认真记录等契约；提示情境的意义，即在表演开始到结束的各个环节向观众说明场景、情节等内容。对此，在实践中，每个班级幼儿对联络人可能会有不同命名，如组长、主持人、小老师、小导演等。

联络人通常会在环境剧场活动中自然产生，主动承担剧场的管理协调工作（如人员协调、角色分配、物品摆放、收纳整理等）。一般情况下，联络人的能力及戏剧经验在同伴中比较凸显，同时得到同伴的肯定和认可。有时，教师也会根据幼儿的能力及其在同伴中的威信进行"联络人"的任命。

在"联络人"确定之后，教师要明确其任务和职责。刚开始时可能存在幼儿经验不足等问题，教师可以帮助幼儿提升经验，再逐渐放手；同时，幼儿也在一次次活动中建构自己的新经验，提升作为"联络人"的能力。

教师还要引导幼儿学习在表演活动中建立契约，提高幼儿的合作能力与规则意识。在自由、开放的环境剧场中，幼儿就是整场活动的主导者，他们可以根据自己的想法随意变换角色，流动或穿梭在各个场景当中与同伴进行表演"游戏"。但在剧场活动中，总会出现个别幼儿"太疯了"、随便摆放道具或不注意安全等问题。所以，每次活动结束前教师会利用5~10分钟的时间帮助幼儿回顾梳理当天的活动情况，建立相关的环境剧场契约和联络人体系，为下一次环境剧场活动的顺利进行奠定基础。

## 四、环境剧场中音乐选择的原则及作用

在戏剧主题环境剧场中，故事背景与场景是"血液"，故事是"筋骨"，音乐是"灵魂"，也是剧场活动中的"总指挥"。

### （一）小班

根据场景设置的需要，小班一般需要一至两个场景，角色最好是一对一，根据角色特征选择特点鲜明的音乐。通过音乐的介入让幼儿知道何时上场、下场及人物关系。例如，在"想吃苹果的鼠小弟"小班戏剧环境剧场活动中，在表演鼠小弟遇到小鸟、大象、猴子等小动物的情节时，幼儿听到具有自己所扮演角色特点的音乐时就可以自行出场表演。

### （二）中班

中班幼儿的认知、理解能力较强，教师可以根据绘本故事情节的需要适当选择一些与故事相符的音效，如地震声、电钻声、工地各种器械的运作声、房屋倒塌声等。选择这些音效可以让幼儿更容易产生代入感，表达自己的情绪情感。比如，在戏剧主题活动"老鼠象"中，教师播放地震、房屋倒塌的音效，幼儿会根据自己所扮演的角色做出与音效相匹配的动作及情绪表现。

### （三）大班

基于大班幼儿年龄特点和发展水平，教师在音乐的选择、动作创编上给予幼儿自主发挥的空间。大班的环境剧场一般有三四个场景，教师可以选择几段当下流行的音乐和幼儿一起欣赏感知、自由律动。教师要善于发现幼儿展现出的动作元素，再配合音乐节奏进行音乐展现。

例如，在"猪先生去野餐"剧场活动中，《加沃特舞曲》用于环境剧场中表现猪先生在邀约途中的兴奋情绪，接近尾声时，《农家乐》用于表现猪先生邀约成功后野餐时的愉快心情，《蜜蜂做工》用于环境剧场活动结束后幼儿收拾场地、整理材料与道具环节。

音乐的选用要发挥幼儿的主动性和参与性，教师要相信幼儿是有音乐欣赏和选择能力的人。因此，教师可以将音乐的寻找、筛选、运用工作有策略地交给幼儿。例如，在幼儿的经验认知中，蜜蜂是很勤劳的小动物，因此，幼儿一致认为《蜜蜂做工》适用于环境剧场活动结束后的整理环节。

总而言之，环境剧场使戏剧从单一的空间走向多元的空间，由固定的空间走向流动的空间，同时使观演关系更好地融合在一起。环境剧场对于幼儿来说是一个多变、自由、开放、立体又可以流动的游戏环境。在自由、开放、流动、多元的环境剧场中，幼儿的表演是即兴而非事先排演的，是灵活而非固定的，是有灵性而非死板的。幼儿可以跟随自己的想法和意愿选择不同的角色进行表演，通过与同伴讨论、协商、调整、合作等方式呈现自己在语言、艺术、社会、科学、健康五大领域的学习经验和学习能力的提升。环境剧场是一个符合幼儿年龄特点、需求，适合幼儿学习、体验、表达自我的游戏环境。

## 五、环境剧场中的评价

表2-2　一幼"生长戏剧"环境剧场观察评价表

| 指标 | 要点 | 评价等级 | | | | 备注 |
|---|---|---|---|---|---|---|
| | | 优 | 良 | 中 | 待加强 | |
| 环境与材料 | （一）环境与材料准备<br>1.材料种类多样，有助于幼儿的想象与创造；符合本班幼儿当前的经验和发展水平。<br>2.环境剧场有适宜的标记，如符号、文字等。<br>3.能体现幼儿在环境剧场的建构过程及主动参与性。<br>（二）材料的使用<br>1.幼儿可以根据角色的需要自主选择材料。<br>2.幼儿能够有目的、有计划、创造性地使用装扮材料或场景建构材料 | | | | | |
| 观察与指导 | （一）关注范围及内容<br>1.教师既要关注到大多数幼儿，又要兼顾到幼儿个体的需要。<br>2.教师要理解、尊重幼儿的想法。<br>3.教师要关注幼儿的原有戏剧经验，拥有促进幼儿终身发展的必要经验。<br>（二）介入的时机和作用<br>1.介入时机和方式要适合幼儿表演情境和个体的需要。<br>2.教师的介入可以鼓励和支持幼儿大胆表现、表达、想象和创造。<br>3.教师的介入能够引导幼儿思考、解决问题，丰富和拓展幼儿的经验 | | | | | |
| 幼儿表演水平 | 1.大多数幼儿能主动、创造性地开展表演活动。<br>2.幼儿能根据情境用肢体、表情、语言等表现角色的典型特征和行为。（肢体、表情、语言符合其年龄段的发展水平）<br>3.幼儿有一定的角色意识，能专注于剧场活动。<br>4.幼儿遵守剧场规则，享受表演的乐趣 | | | | | |

| 指标 | 要点 | 评价等级 | | | | 备注 |
|---|---|---|---|---|---|---|
| | | 优 | 良 | 中 | 待加强 | |
| 计划与总结 | （一）游戏计划<br>采用适宜的方法，引导和帮助幼儿制订游戏计划。<br>（二）游戏总结<br>1.教师采用适宜的方法引导幼儿倾听、观摩、欣赏。<br>2.幼儿有机会分享自己在表演中的感受与发现。<br>3.教师根据幼儿表演的情况提出适宜的问题，关注幼儿在表演中的表现、想象、创造与合作，激发幼儿的思考，提高幼儿表演的兴趣 | | | | | |
| 总体评价 | | | | | | |

# 第三章

## 幼儿园一日生活过渡
## 环节中的戏剧游戏

上午十点，阳光正好，幼儿园的户外场地又开始热闹起来了。"小朋友，快快来，我们的小火车就要出发啦！"伴随着"呜呜呜……"的火车鸣笛声，云朵老师站在教室门前向幼儿们招了招手，做出了开火车的动作。幼儿们很快注意到教师的召唤：在书包柜处藏小玩意儿的、在区域倒腾积木的、在座位上和同桌闲聊的……他们纷纷停下了手头的"活儿"，开心地走到云朵老师的面前，看似无意却井然有序地迅速拉起了整齐的队伍。于是，一列长长的"火车"连接起来了，幼儿们成了一节节车厢，"呜……咣当！咣当！……"火车头琪琪同学举起手臂，做出车轮滚动的动作，跟着云朵老师的指挥，驶向了户外活动场地……

上述"开火车"的戏剧游戏场景常常发生在我园过渡环节的组织中，是教师常用的幼儿行动组织策略之一。谈到过渡环节，教师想到了什么呢？是时间简短、微不足道，还是杂乱无章、组织费力？相信很多教师都希望通过组织良好的过渡环节培养幼儿良好的常规、秩序、生活习惯等，使幼儿能够自理自律。但实际上，教师常常忽略了过渡环节的价值与意义，急于让幼儿规规矩矩地完成教师指定的动作与任务，早早地进入下一个任务环节。因此，幼儿常常是在被动地接受教师的指令或安排，如集体如厕、喝水、洗手等。幼儿似乎身处一个"军事化"管理的环境中。在戏剧教育研究过程中，我们开始反思：过渡环节也蕴含了教育契机，戏剧教育不仅仅是体现在一个主题课程中，抑或是一场完美的教学活动中，它应该真正地使幼儿受益，渗透于幼儿园的一日生活中。哪怕是看似"微不足道"的过渡环节，我们也希望通过戏剧教育课题的研究让其"活"起来！

## 一、教师在幼儿园一日生活过渡环节中存在的问题

过渡环节是幼儿园一日生活中不可缺少的纽带，起着承上启下的作用。优化过渡环节是科学地组织一日生活、促进幼儿身心健康发展的重要保障，也是幼儿教师专业素养的重要体现。然而，目前教师在幼儿园一日生活过渡环节中却存在着以下问题。

### （一）教师在过渡环节中缺少教育意识，幼儿处于"放羊"的状态

过去，在幼儿园教育中，教师和家长更注重幼儿在集体教学活动中获得的成长，过渡环节的教育价值常常被忽视。幼儿园日常教研和区域各类评比通常会聚焦于一节活动课中幼儿需要达到的发展目标，一个主题课程中幼儿的成长足迹，而过渡环节中幼儿可以获得什么却很少被提及。教师组织过渡环节往往是为了任务之间的调整。教师还会因为忙于准备下一环节的活动材料等忽略了对幼儿的观察、沟通和指导。为了顺利完成幼儿园一日生活计划，教师有时候会对过渡环节做出紧凑化处理，缩短甚至是省略该环节的时间。这导致教师过度干预和催促成了主调，幼儿自主活动时间和机会不足，各个活动环节之间的转换过程生硬，一日生活的"计划性"浓厚，幼儿的主体性、自主性不断弱化，这些都违背了幼儿园一日生活的教育初衷。

### （二）过渡环节的形式匮乏，教师主导得多，幼儿缺乏自主性

在过渡环节，我们常常会看到这样的情景：班级三位教师站在自己的岗位，如一人负责看管饮水机前的幼儿、一人负责帮助幼儿如厕、主班教师则负责巡视全局，其间还不时传来教师的吆喝声："小朋友，快去喝水吧！""还有哪个小朋友没有上厕所的，赶紧去！""我们都要出去活动了，你怎么还不过来排队！"……这些急促、生硬、指令性的话语常常出现在过渡环节中。教师会想，班级三位教师都站位明确、分工合理，还不时监督、催促未完成任务的幼儿，画面应该非常和谐才对呀，但是为什么总有些不自觉的幼儿对教师的话无动于衷、做事拖拖拉拉？为什么教师总是忙忙碌碌，却还疲于应付？教师应该思考：是不是组织活动的形式过于苍白？教师的语言是否比较随意、简单，甚至生硬？幼儿不是自愿地、感兴趣地去行动，自然而然就会出现做事拖拉的情况。兴趣是最好的老师！过渡环节的形式苍白无力、教师没有抓住教育契机，这在无形中都是对幼儿成长和发展的忽视！

### （三）过渡环节中存在消极等待的现象

在幼儿园，一个班级三位教师照看一群幼儿，教师即便是练就"眼观六

路、耳听八方"的本领也常常目不暇接，总是担心出现安全事故。因此，在这种"高压"的态势下，教师出于安全的考虑，会倾尽所能避免所谓的不必要的麻烦。这使得幼儿自由活动的机会少之又少。幼儿在过渡环节常常是集中做同一件事情，如统一如厕、喝水、更衣等，常常处于无聊的消极等待中。他们无所事事，不时还受到教师的"责备"，这导致各活动环节间不能自然、和谐地过渡。

出现以上情况的原因是幼儿园在教师培训中对幼儿园一日生活过渡环节的组织不够重视，缺乏科学培训体系，更多地强调教师与幼儿互动质量的提升，教师观察幼儿、读懂幼儿能力的提升，以及青年教师与家长交流沟通的能力提升等。对如何看待过渡环节、如何提升过渡环节组织能力等，很多青年教师认为可以从主班教师身上学习。培训上的不重视，导致教师对该环节组织教育的重视度不足、组织策略提升困难，难以让幼儿获得成长，有时过渡环节反而成为幼儿在幼儿园一日生活中的一个"枷锁"！

当谈到以上种种问题时，教师也认识到过渡环节在我园实践戏剧教育课程中不应仅仅把戏剧教育作为单一的课题研究，而是渗透到幼儿园一日生活中。特别是当意识到在过渡环节的组织上会存在种种问题时，我们迫切地希望通过更科学、有育儿价值的组织形式来改变这种教育现状。

## 二、戏剧游戏让过渡环节"活"起来

### （一）戏剧游戏的意义

《3—6岁儿童学习与发展指南》指出，游戏是幼儿园的基本教育活动。幼儿园戏剧游戏是教师引导幼儿运用肢体与表情、声音与语言进行感知、想象和表达的一种活动。教师作为游戏的引导者，带领幼儿进入一种真实或虚构的戏剧情境，鼓励幼儿充分运用各种感官感受周围环境，并在这些经验的基础上想象创造，以模仿等方式表达对周围环境的认识和思考。

幼儿在戏剧游戏中是快乐的、自由的、放松的、专注的。在模仿、想象等层面上，戏剧游戏可以提高幼儿的戏剧表达能力。

我们欣喜地发现，幼儿园戏剧游戏可以在幼儿园一日生活的过渡环节使用，在这些点滴时间里让幼儿充分运用肢体和声音去感受、想象和表达。

由此，教师总结了过渡环节中戏剧游戏的组织形式。这些戏剧游戏的实施为幼儿的情感与能力的发展提供了支架。

## （二）幼儿园一日生活过渡环节中的戏剧游戏

### 1. 晨接环节

晨接环节是幼儿在幼儿园一日生活的开始。合理组织晨接环节会给幼儿每日的园内生活带来一个良好的开端，能帮助幼儿以最佳的精神状态面对新一天的学习和生活。

那么，在晨接环节中，我们会遇到什么样的情况呢？最常见的就是分离焦虑、入园焦虑。小班幼儿刚入园时以及中班、大班幼儿放假后返园时会出现这种情况。此外，幼儿还会出现入园时状态不佳等情况。

下面的案例是以戏剧游戏的形式应对晨接环节遇到的问题。

戏剧游戏：我的小手有魔法

班级：大班。

教师：张伟芳。

早晨，安琪蹦蹦跳跳地走到教室门口，她笑眯眯地和静雅说："早上好！"随即伸出小手拍向静雅的手，说："我的小手有魔法，你是一只小花猫。"静雅停顿了一下，嘴巴微微一笑，做出像猫一样的动作，轻轻地，慢慢地向我走来，嘴巴还不停地发出"喵喵"的声音。"张老师，早上好！喵……"随即伸出小手拍向我的手，说："我的小手有魔法，你是测温机器人，喵……"听到静雅这么说，我坐直了身体，手部动作变得僵硬，说话一顿一顿地，进入扮演"机器人"的状态，说："早——上——好！静——雅——小——猫——咪——，滴！体——温——正——常。"在我前方排着队、等待着测量体温的幼儿看到我和静雅的对话场景，都忍不住捂着小嘴巴笑了起来。

图3-1 幼儿用戏剧的方式与教师互动

傲儿小朋友马上模仿起来。她大步走到颢霖旁边，伸出手拍向颢霖的手，说："我的小手有魔法，你是一只霸王龙。"颢霖马上瞪着圆圆的眼睛，张开大嘴巴，张开双手呈爪子状，嘴巴发出低沉的吼声，脚重重地踩在地上，说："我是一只霸王龙。"

就这样，来园的幼儿用"有魔法"的小手去拍其他幼儿的手，把他们变成很多不同的动物，并模仿动物的动作和叫声。

图3-2 幼儿用戏剧的方式与同伴互动

游戏一直持续到晨接结束。欢笑声、各种动物的声音在教室门口萦绕……

### 戏剧游戏：小小兵

班级：中班。

教师：杨娜。

国庆节期间，幼儿都看了阅兵仪式，对阅兵仪式中的兵种及方队有一定的了解，对模仿军人的动作及队形产生了浓厚的兴趣。

早晨，我一如既往地在教室门口迎接幼儿的到来。诗豫背着书包从楼梯口走了上来，今天她穿了一身迷彩套装。她看着我笑了笑，快步走到我面前立正站好，抬高右手敬礼，抬头看着我大声说："小小兵——诗豫前来报到！"然后笔直地站在一旁，眼睛注视着每一个来园的幼儿。

图3-3　小小兵来报到

这时迎面走来小钰和小兰，诗豫用洪亮的声音说道："这时迎面走来的是航空军，他们开着直升机过来了！"小钰和小兰听到后，一个双手合拢向前伸直、弯下身体做向前冲的动作，一个双手侧平举，左右晃动着双手，好似飞机的双翼，然后两人快速地黏合在一起，合作"开飞机""飞"到班级门口，经过诗豫时还抬高右手敬礼。诗豫紧接着说道："接下来迎面走来的是炮兵部队。"随即，4名幼儿就排成一排，做手托大炮的动作走进班级……

图3-4　我们是炮兵部队

在幼儿的眼里，军人总是精神抖擞、威风凛凛的，国庆大阅兵的震撼场面也给幼儿带来了触动与鼓舞。以往在晨接环节，教师经常看到有些幼儿睡眼蒙眬、精神不佳、"垂头丧气"的样子。此时，教师可以通过戏剧扮演的形式，和幼儿一起扮演军人，站军姿、行注目礼，用榜样的力量调动幼儿的精气神，使幼儿以积极向上的精神面貌开启全新的一天。

### 2. 场地转换

幼儿在幼儿园的一日生活中涉及各种各样的场地转换，如室内到室外、室外到室内、教室与各功能室相互转换等。在场地转换途中会存在秩序混乱、安全隐患、时间拖沓等问题，教师往往采用高控的形式"压制"幼儿，要求他们排好队、不要讲话、不要在楼梯玩耍等，但是效果欠佳，教师的专业性得不到体现与提升。因此，教师也探索在场地转换这个过渡环节运用戏剧游戏形式，以期让幼儿能够自主地遵守规则、秩序，并且让幼儿与教师都能享受这个转换的过程，让乏味的转换过程变成有趣的游戏过程。

### 戏剧游戏：贪吃蛇

班级：中班。

教师：何欢。

在准备户外活动的时候，洋洋跑过来说："老师，我们来玩'贪吃蛇'的游戏吧"。教师说："好啊，你想怎么玩？"听到了洋洋的提议，幼儿聚到了一起，议论着："贪吃蛇的游戏怎么玩呀？"洋洋开心地介绍起自己的游戏玩法："你们先围成一个圈圈，我来当蛇头，我拍到谁的手，谁就变成小蛇拉着我的衣服。就这样一个接着一个，最后变成一条弯弯曲曲的蛇去到操场玩游戏。"洋洋介绍完之后，其他幼儿纷纷赞成："听起来好好玩哦！我们马上围成一个圈圈吧。"

图3-5　围圈的贪吃蛇

圈圈很快就围了起来，"蛇头"洋洋举起双手，扭动着身体开始在圈内游动，吐了吐舌头说："小蛇们准备好了吗？我要开始了。"洋洋拍了拍思艳的手，思艳立刻扭动起身体走到洋洋的身后拉着洋洋的衣服继续游动，接着洋洋又去拍第二个幼儿、第三个幼儿的手……于是，一条长长的"蛇"扭动着身体往操场爬过去了。

图3-6　向前爬行的贪吃蛇

幼儿准备到户外游戏场地活动时，正是教师疲于组织的时候，但是洋洋小朋友的游戏提议大大吸引住了幼儿的注意力，淡化了教师"管理者"的角色，幼儿成为"组织者"，开始自主有序地排队，并利用"蛇"身躯柔软的特征"弯弯曲曲"地下楼梯，避免了下楼梯时的无序与安全隐患。

### 3. 餐后散步活动

餐后散步活动是午餐结束后、午休开始前的又一重要过渡环节。幼儿餐后散步活动不像集体教育教学活动那样具有明确的教育教学目标，也没有相对较稳定的空间，所以更容易出现缺少目标性和组织性的问题。以往的散步活动容易流于形式，只是随意在班级附近走走停停。幼儿园的散步活动时间虽短，但其中不乏教育契机。幼儿有好奇心和求知欲，观察力强，有与生俱来的模仿力，教师可以将戏剧游戏融入散步活动，让幼儿能在小小的散步活动中游戏、学习，并帮助他们消化食物。

#### 戏剧游戏：飞机飞

班级：小班。

教师：曾梅梦。

教师说："小朋友，我们去散步啦！""老师，我们变成小飞机往前飞好不好？我想变成战斗机。"志睿说。"当然可以啦！"其他幼儿一听也纷纷打开双手，变成了"飞机"向前飞行。教师问："注意，注意，前面有乌云，我们的飞机应该怎么办？"沫呈说："加速，穿过它。"其他幼儿一听也马上快速摆动双臂，加速"飞"了起来。教师继续问："前面有座高山，我们要怎么办？"瀚博说："大家飞高点，不要撞上啦！"幼儿听后都踮起脚尖把手举得高高的。"哇，打雷啦！有危险不能飞太高了！"教师提醒道。"快蹲下，我们不能被雷打到！"子乐高声喊道。幼儿赶紧蹲下飞行……

教师问道："哇，飞机到哪儿啦？""老师，飞机飞到停机场就停了。"沫呈放下双臂，开心地说道。

幼儿和教师一同沉浸在"飞机"飞行的情境中，并假装在"飞行"中遇到各种障碍。"飞机"为了躲避障碍，做左右闪躲、上下飞行的动作、姿态。

该游戏让幼儿在餐后自主地活动身体，达到娱乐、消化食物的目的。

图3-7　空中的飞机

图3-8　降落中的飞机

## 戏剧游戏：去旅游咯

班级：大班。

教师：曾爱玲。

柔柔在餐后区域活动中迅速制作了一面旗子，然后满脸期待地对我说："曾老师，看，这是我的导游旗，今天散步的时候我可以带着小朋友一起旅游吗？"我惊喜地说："旅游？当然可以！"随后，她举高旗子说："谁要跟我

一起去旅游？"其他幼儿纷纷举起了手说："我要去，我要去！"柔柔高兴地说："那请吃完饭的小朋友跟随我一起出发去旅行吧！"

图3-9 制作导游小旗

柔柔接着说："我是导游，你们是游客，你们要跟着我走，要不然会走丢的！"薇薇说："导游，我们要去哪里啊？"柔柔说："第一站，博物馆，现在大家跟着我走。""导游"带着"游客"走到了走廊。柔柔叫道："游客们，请注意，现在我们走到了马路上，请大家不要走到马路中间，会有车，我们还要过斑马线。"幼儿听到后都走到了走廊的一边。柔柔说："现在我们要下山了（下楼梯），大家小心，不要走得太快了，小心摔倒哦！"下完楼梯后，柔柔停了下来，叫道："后面游客要跟上，我们很快就到博物馆了。"柔柔等后面的幼儿都跟上来才继续向前走。

来到了"博物馆"（陶艺室），柔柔说："大家可以走进博物馆看看，但是只能看，不能碰哦！"幼儿们带着喜悦和好奇的表情逛遍了"博物馆"的每一个角落，同伴之间进行了自由的交谈。洋洋刚要伸手去摸摸瓷碗，这时他被柔柔叫住了："这位先生，不能碰，会把它弄坏的哦！"洋洋赶紧收回了手。博博说："导游，这是什么？"柔柔说："这是他们做的雪人。"

在柔柔的带领与解说下，小"游客"们游览了一遍"博物馆"，随后又跟随着"导游"的步伐前往下一站！就这样，"导游"带领"游客"开心地游遍了"博物馆"，并看了各种"名胜古迹"。

图3-10　"导游"向"游客"讲解介绍

图3-11　"导游"带领"游客"参观"博物馆"

幼儿利用餐后散步的时间，基于生活经验，通过扮演"导游""游客"的戏剧游戏，观察幼儿园的环境，用心发现生活、体验生活，既体现了主人翁意识，又在游戏中发展了组织力、表达力和想象力，同时在游戏中感受规则、遵守规则，增强了社会秩序感，体会到了集体游戏的乐趣。

### 4. 睡前活动

睡眠对幼儿的身心发展至关重要，幼儿园应确保幼儿有充足、良好的睡眠，因此，幼儿园午睡环节非常重要。但幼儿园在午睡管理中常见的一些问题严重影响了幼儿的午睡质量，甚至会引发安全事故。例如，午睡时，有的幼儿虽然已经上了床，但翻来覆去，迟迟不能入睡；有的幼儿则趴在床上四处张望或自言自语；个别幼儿躺下后咬被头、撕枕头、蹬床架……适宜的戏剧游戏能为幼儿创设轻松、愉悦的午睡氛围，有利于他们安静、快速地进入睡眠状态。

戏剧游戏：拥抱妈妈

班级：大班。

教师：张燕飞。

午睡前，两个女孩扮演兔子互相拥抱，一个说："午安，妈妈。"一个说："午安，宝宝，我们比赛谁先睡着。"两人相拥着进入睡室。两个男孩看见了，马上扮演奥特曼互相拥抱，一个说："我们休息吧，宝宝。"一个说："收到指令，妈妈。"

图3-12　拥抱的"兔子"　　　图3-13　"奥特曼"组合

其他幼儿看见这有趣的游戏，也马上找同伴合作，有的扮演小鸟和妈妈，有的扮演小乌龟和妈妈，还有五人一组扮演猪妈妈和四胞胎猪宝宝的。四个猪宝宝一起说："哼，哼，妈妈，我们想睡觉了。"猪妈妈伸长手臂揽着四个猪宝宝说："哼，哼，我的乖宝宝，快快去睡觉吧。"

图3-14　"小鸟"和"小鸟妈妈"

图3-15　"小乌龟"和"小乌龟妈妈"

图3-16　"猪妈妈"和"猪宝宝"们

今天，幼儿都带着甜甜的微笑很快睡着了……

相信大部分幼儿都有睡前与妈妈拥抱的习惯，这是幼儿日常生活中最为温馨和幸福的时刻。将这个时刻演变成幼儿园的睡前游戏符合幼儿需求。戏剧与生活进行了完美的融合与互补。

### 5. 离园环节

离园环节是幼儿在幼儿园一天生活的最后环节。组织好离园活动，为幼儿在园的一日生活画上一个完美的句号，帮助幼儿轻松、有序、愉快地离园是每位教师一天工作结束前最大的期待。相对于一日活动的其他环节，离园是容易"放羊"或散乱的一个环节，也是常规活动中比较难组织的一个环节。《幼儿园教育指导纲要（试行）》指出，要科学、合理地安排和组织幼儿园一日生活。因此，我们也要把离园环节作为重点环节、重点工作来做，让幼儿在这一段时间内有更丰富的活动体验，享受活动乐趣，梳理并回顾一天的生活，以及建立对第二天幼儿园生活的期待与憧憬……此外，有质量的离园环节能避免幼儿的消极等待，让幼儿在等待家长来接的时间里有事可做，避免不良情绪的产生。同时，在有序的离园环节，幼儿能在放松的时刻依然保持有序的行为，避免各种安全事故的发生，保证了幼儿最基本的人身安全，也让父母对幼儿在幼儿园的生活更加放心。

因此，我们要充分挖掘离园环节中的教育价值，使离园环节既有组织性又有趣味性，让幼儿对幼儿园、对班级有归属感。好的离园环节能增进幼儿之间的友谊，激发幼儿上幼儿园的欲望。

**戏剧游戏：音乐雕像**

班级：中班。

教师：赵翠云。

放学时间到了，大部分幼儿都会听从教师的安排等候家长，但总有个别幼儿像墨墨一样独自坐在教室的一角不参与游戏。畅畅走到墨墨身边说："墨墨，你怎么啦？""好无聊，我想外公快点来。"……教师无意中听到幼儿的对话。

"孩子们，快放学啦，今天是谁来接你回家呢？"教师问幼儿。幼儿回答："爸爸""妈妈""我外婆坐公交车来接我"……教师说："那我们来玩音乐雕像游戏吧！当音乐响起时，我们自由跳舞，当音乐停止时，我们就变成一个静止不动的雕像，等到家人来了或音乐再次响起时才能动哦。"

第一轮游戏马上开始了：音乐响起，幼儿自由地随着音乐节奏跳起舞来；音乐停了，幼儿的动作停止，变成一个不动的雕像。墨墨问道："老师，下一轮我们变成接我们回家的人可以吗？"教师说："可以啊，你们想变成谁呢？""爷爷""姥姥"……"好的，游戏开始喽！"教师说道并再次播放音乐，幼儿们又跟随着节奏舞动起来。音乐停止了，幼儿变成各种各样的雕像造型。教师走到一个弯着腰的"雕像"旁边，将手搭在他的肩膀上问："你好啊，你是谁？""我是外公。""雕像"墨墨缓慢地说。教师又问："你接谁呢？""我要接墨墨。"外公（墨墨）接着说。教师说："好吧，墨墨放学回家咯。"音乐响起，幼儿们开心地哈哈笑起来。

图3-17　幼儿扮演爷爷、奶奶

幼儿说："老师，我是坐公交车回家的。"

教师笑着问："那我们接下来就扮演回家的交通工具，可以吗？"

幼儿齐声回答："好！"

教师问："想好你是坐哪种交通工具了吗？也可以和你的朋友一起合作扮演哦。"

音乐再次响起，幼儿们又跳起舞来，音乐停，交通工具雕像造型摆好了，有带响铃的"自行车"，有两个轮子的"摩托车"，还有4个轮子的"公共汽车"……

图3-18　幼儿扮演交通工具

"墨墨，回家了，外公来接你啦。"教室门口传来老师温柔的声音。"耶，老师再见。"墨墨继续做着手握方向盘的动作向站在教室门口的外公"开"去。

随着年龄的增长，幼儿在放学时不再像小班时容易因离园而产生焦虑情绪了，但是个别幼儿看到放学的情景还是会想起爸爸、妈妈或家人，对回家产生期待。音乐雕像游戏不但可以提升幼儿的节奏感和自控能力，还可以结合幼儿的生活经验加入他们各自的想法。幼儿塑造各种雕塑的过程，既是思维想象的过程，又是情绪表达的过程，这个过程将枯燥沉闷的等待离园环节变得有趣、有意义。教师和幼儿可以根据当天的经历变换雕塑的主题，如扮演当天大家听过的绘本故事中的人物，重现自己在建构游戏中搭建的物品、美工区创作的作品……将离园环节通过戏剧游戏的形式，变成幼儿一日生活的回忆与整理的过程。

## 三、幼儿园一日生活过渡环节中的戏剧游戏类型

在多年的园本戏剧教育实践中，教师创设了很多渗透在幼儿园一日生活中的戏剧游戏。实际上，戏剧游戏变化多样，是没有规则的活动，绘本故事、电视情节、体育游戏、生活琐事……都可以成为游戏设计的灵感来源。同时，幼儿是戏剧游戏重要的设计者、组织者。以下列举的几类游戏仅仅是沧海一粟，教师在陪伴幼儿游戏的过程中一旦体会到游戏的乐趣和意义就能灵活运用、举一反三，激发幼儿的游戏热情与灵感。

表3-1　戏剧游戏一览表

| 戏剧游戏类型 | 作用 | 戏剧游戏内容 | 使用场景 |
|---|---|---|---|
| 情绪游戏 | 调动幼儿积极愉快的情绪，促进幼儿情绪健康，缓解幼儿入园焦虑和情绪波动 | "照镜子""表情模仿""拥抱，你好""爆米花" | 入园和离园环节 |
| 整队游戏 | 培养幼儿的排队常规，合理组织幼儿进行准备活动，有效集中幼儿的注意力 | "开火车""红灯停，绿灯行""学做解放军""跟着老师走走" | 户外活动前和户外活动后的组织环节 |
| 规则游戏 | 培养幼儿的自控能力，锻炼幼儿的意志力 | "老狼老狼几点钟""走一走、抱一抱""木头人" | 餐后散步环节 |
| 专注游戏 | 培养幼儿的专注力，使幼儿学会倾听、听清指令 | "水果蹲""做相反""大风吹" | 餐前活动 |
| 控制游戏 | 使组织的活动能够协调一致地运作 | "捏面团""小小乌龟慢慢慢""照镜子""白云飘飘""打气球""提线木偶""融化的身体" | 餐后散步环节 |
| 主题游戏 | 把戏剧主题贯串于幼儿园一日生活，提高幼儿参与活动的兴趣。让戏剧主题活动顺利开展 | "打怪兽"、"小小探险家"（主题：最棒探险队）、"我来说食谱"、"小小配菜师"（主题：肚子里有个火车站）、"警察来了"（主题：牙齿大街的新鲜事）、"动物大游行"（主题：彩虹色的花） | 结合戏剧主题活动的需要灵活组织集体活动前、用餐前、离园前的游戏活动 |

## 四、幼儿园一日生活过渡环节中的戏剧游戏评价

表3-2　一幼一日生活过渡环节中的戏剧游戏评价表

| 项目 | 评价 | 简单描述 |
|---|---|---|
| 1.游戏的发起人是幼儿或教师吗？ | | |
| 2.游戏是否符合幼儿的年龄特点？ | | |
| 3.是否处于合适的场景或空间？ | | |
| 4.幼儿是否对游戏感兴趣，是否能主动参与？ | | |
| 5.幼儿是否能够运用肢体与表情、言语与声音进行戏剧表达与创作？ | | |
| 6.幼儿能否两人或多人合作进行戏剧表达与创作？ | | |
| 7.能否自然过渡，起到承上启下的作用？ | | |

# 第四章

## 户外自主游戏中的
## 戏剧生成活动

"爸爸，爸爸，抛绣球的高台不够漂亮！"

小老鼠"美叮当"拉着"爸爸"——老鼠村"老村长"的手撒娇地说着。于是，"村长夫人"跑到工具箱里翻出一块大红布盖在高台上。

"爸爸，爸爸，高台太高，我上不去！"

"老村长"和"村长夫人"赶紧搬来两架梯子搭在高台边。

为了搭建抛绣球的高台，"老村长"和"村长夫人"虽然被"女儿"美叮当指挥得团团转，但脸上一直挂着笑容。

这是我园户外戏剧游戏"老鼠嫁女"中的一个小片段，场景建构刚开始，许多幼儿就已经进入戏剧角色了。我园将戏剧游戏与户外自主游戏相结合，让幼儿根据戏剧游戏的情境，利用户外自主游戏的材料搭建戏剧游戏的场景。

随机性的戏剧游戏在幼儿的一日生活中常常发生，尤其在无准备、无安排的情况下。实际上，戏剧无处不在，在户外自主游戏中幼儿的表演会更加丰富多彩。户外自主游戏是自主的、开放的，为幼儿进行戏剧表演提供了更自由的土壤、更广阔的舞台。教师追求的戏剧教育就是幼儿生活中真实的、内在的、自主的一种表现，是幼儿真实生活艺术化的一种演绎，而户外自主游戏恰好为幼儿的真实演绎提供了这种环境。因此，在户外自主游戏中，戏剧主题演绎的内容与题材更开放、更广阔，更接近幼儿最近发展区及其最真实的状态。同时，因为在户外自主游戏中控制得更少，教师可以满足幼儿的兴趣和需求，激发幼儿的戏剧表现。

## 一、户外自主游戏经历的3个阶段

一般情况下，幼儿的自主游戏会经历以下3个阶段。第一阶段，幼儿只是对材料充满好奇，初步感知环境及摆弄游戏材料。在沙水区，幼儿感知沙水区的材料和工具，如用铲子挖沙、用模具塑形、用水流冲沙，发现水和沙子的关系。第二阶段，幼儿初步探索、熟悉材料，并构建简单的场景。在初步感知水和沙子关系的基础上，幼儿开始挖建水渠，用竹筒、PVC管搭建"小桥"，建造"水闸"。第三阶段，幼儿丰富、细化场景，进行想象和创作，开展角色游戏和表演游戏。例如，观看三峡工程的相关图片及视频，丰富经验之后，幼儿进一步在沙水区进行创作，呈现出了各种形态、多功能的"桥"及"水库发电站""养殖渔区""水上乐园""观光酒店"等，同时出现了"工程师""维护人员""养殖人员""游客"等角色。幼儿扮演各种角色在丰富的戏剧场景中与材料、同伴互动，极大地增长了戏剧表演经验。

## 二、户外自主游戏中教师对幼儿戏剧表现的支持

### （一）追随兴趣，挖掘戏剧生成

在户外自主游戏中，幼儿随时随地会发现自己感兴趣的现象。教师首先要成为幼儿户外自主游戏的观察者，才能了解幼儿的最近发展区，根据幼儿的兴趣与需求给予幼儿最及时有效的指导。教师可以通过深入观察、游戏记录、视频拍摄、谈话、分享活动等方式梳理出幼儿的兴趣点，以此为线索开展生成活动，激发幼儿兴趣，为触发幼儿深度学习提供良好的条件。

例如，教师在带领幼儿进行户外自主游戏时发现一群幼儿正围着一棵大树，走近一看，才发现他们正在观察大树下的蚂蚁，并且在热烈地讨论。暄暄说："你看，这只蚂蚁肚子大大的，肯定刚吃饱！"明明说："你看蚂蚁头上还有角，一动一动的。"说着，明明还把两根食指放在头顶，做出触角上下摆动的样子。小哲说："快看，那一只蚂蚁正搬运面包屑回家呢！"说完，他弯着腰，两手背在身后，一步一步向前走着，嘴里还发出"嘿哟，嘿哟"的声音。第二天，一到户外，这几个幼儿又迫不及待地聚在这里，小哲指着地上的小洞说："这是蚂蚁的家。"暄暄说："不是的，蚂蚁在往树上爬，它们的家在树上。"明明指着树上的蚂蚁说："这只最大的是蚂蚁爸爸，这只小小的是蚂蚁宝宝，走在宝宝后面的是蚂蚁妈妈。"这几个幼儿的争论声吸引了更多的幼儿来围观蚂蚁……第三天，在户外建构游戏时，这几个幼儿自主组团，在建构区搭建了蚂蚁的家，"这是蚂蚁家里的沙发""这是蚂蚁爸爸的房间""这是蚂蚁的卫生间"……幼儿表现出对蚂

蚁的浓厚兴趣，但缺乏对蚂蚁的认知。于是，在游戏后的谈话活动中，教师提出"你知道都有什么蚂蚁吗？""蚂蚁住在哪里？""蚂蚁吃什么？"等问题，向全班幼儿提问，引发幼儿积极讨论。小云说："爸爸说过，蚂蚁头上的角叫'触角'，是和别的蚂蚁说话用的。"巍巍说："蚂蚁都是住在泥巴洞里的。"默默说："我在图书角那里看到一本书上有好多蚂蚁，它们在搬西瓜。"……在交流中，幼儿丰富了对蚂蚁的认知，对蚂蚁的兴趣更浓厚了。

于是，在接下来的日子里，教师带领全班幼儿再次去户外寻找蚂蚁，观察蚂蚁的外形特征、居住环境，了解蚂蚁的种类及分工，引导幼儿用肢体动作模仿蚂蚁。经过一系列的活动，幼儿对蚂蚁有了更深入的了解。接下来在建构区游戏时，幼儿不约而同地再次搭建起"蚂蚁的家"。与第一次不同的是，他们不但搭建了蚂蚁的洞穴，还丰富了洞穴里面的空间布局，如主巢、副巢、储藏室、抚育区等。在此基础上，幼儿还自主设置了蚁后、工蚁、兵蚁等角色，设计了"蚁后孵卵""工蚁搬运西瓜""兵蚁站岗放哨"等情景。

在这个过程中，幼儿从心理上更贴近所扮演的角色，对角色的行为也有了自己的理解、内化和迁移。教师时刻保持思维的弹性，时刻注意幼儿的想法和兴趣，挖掘戏剧的生成点，并努力维持幼儿对戏剧活动的兴趣。

### （二）丰富环境，支持戏剧活动

在户外自主游戏中，幼儿的戏剧行为随时随地可能发生。教师在追随幼儿兴趣和需求的基础上要根据幼儿演绎的角色和创作的情节所需逐步丰富相关的道具、服装及场景等，引导幼儿以随机、随性的戏剧游戏发展为经过，通过思考、想象、讨论等初步创编有主题的戏剧活动。比如，教师发现幼儿自主将绘本故事《猪先生去野餐》的内容迁移到野营区游戏中。有的幼儿以"猪先生"的角色在打扮自己、准备礼物，有的幼儿以"猪小姐"的角色在制作美食。这时，教师以"狐狸"的角色加入游戏，询问"猪先生"："野餐需要准备什么？"幼儿针对这个问题进行思考和讨论，提出了野餐还需要帐篷、野餐垫、篮子、美食等。而且在表演猪先生故事的时候，还需要一些装扮的服装和道具，于是，在原来野营区锅、碗、瓢、盆等基础材料的基础上，教师根据幼儿的提议、游戏需求及主题戏剧活动的需要逐渐增加了帐篷、野餐垫、烧烤炉及扮演角色所需的服装和道具等支持幼儿戏剧表现的辅助材料。

### （三）拓展情节，深化戏剧主题

从随机生发的戏剧游戏到拥有主题的戏剧活动，戏剧的元素在此过程中逐步丰满，但仍呈现零散、无序的状态。幼儿对主题的认识不足，设计的情节过于单一。那么如何引导幼儿自主参与到戏剧情节的创编中呢？这时，教师组织的谈话活动就显得尤为重要了。教师可以聚焦某一现象或问题，用开放式提问的方式把问题抛给幼儿，让幼儿进行思考和讨论。这种方式既可以让幼儿进行同伴间的交流和学习，也可以根据幼儿的经验、认知水平适当地露出"线索"，使幼儿"脑洞大开"，自主提出解决方法。

以"抢占高地"戏剧活动为例，因为情节比较单一——进攻与防守，双方处于敌对状态，情节无法进一步拓展，每次活动都是在"抢夺"的纠缠中结束。几次活动后，教师组织幼儿讨论：敌我双方如何抢夺？除了士兵之外，还可以有什么角色？游戏材料除了"枪支"和"炸弹"，还可以有什么？

这样的谈话看似漫无目的，其实教师在围绕角色的个性和剧情发展这两方面很巧妙地让戏剧活动的创编联结了幼儿的内心情感和已有经验。在教师的引导下，幼儿的思路向各个方向拓展。他们说：士兵被"子弹"打到的话就不能随便跑了；受伤的话需要医生、护士的"救治"，他们需要随身携带"医疗箱"；士兵如果受伤很严重，不能走路了，需要"担架"抬着……他们最后创编了新的情节：敌我双方和解，共同占领"高地"，轮值把守。在一次次的讨论中，幼儿体会到创编的快乐，"抢占高地"这个戏剧活动拥有了更丰富的故事情节。

在此基础上，教师和幼儿一起商讨根据创作的故事情节需要什么样的背景音乐、布景、服装以及道具等，进一步完善戏剧的各种元素。在户外自主游戏中生成的戏剧主题活动，幼儿也许没有化妆，表演也许没有舞台，但戏剧已经融入到幼儿的自主游戏、戏剧活动之中。

## （四）有效介入，提升戏剧水平

《幼儿园教育指导纲要（试行）》指出：教师应善于发现幼儿感兴趣的事物、游戏和偶发事件中隐含的教育价值，把握时机，积极引导。只有认真、完整、客观地观察幼儿，关注幼儿的一言一行、一举一动，才能真实地读懂幼儿的行为，在理解幼儿想法与感受的基础上对幼儿的行为做出回应，巧妙介入、有效指导，从而提升幼儿的戏剧水平。介入指导措施要有可行性，教师要根据具体分析采取细致可行、有针对性的措施。

介入从"介入身份"的维度可分为教师身份介入及角色身份介入两类。教师身份介入主要用于幼儿在游戏中出现不安全问题及幼儿主动求助时。例如，在戏剧主题生成活动"最棒的探险队"中，当幼儿在户外野营区自主建构好戏剧活动场景，"探险队员们"要翻越"大山"（四阶人字梯）时，教师发现梯子不稳，存在安全隐患，于是及时叫停幼儿的游戏，请幼儿观察并发现问题，及时调整，避免安全事故的发生。角色身份介入主要用于幼儿在游戏中缺乏互动角色或游戏情节发展遇到困境时。例如，小班幼儿在野营区正在玩"小饭店"的戏剧游戏，一名幼儿一边"炒菜"，一边时不时地抬头张望周围，期待有同伴加入游戏；于是教师以"顾客"的角色介入，"哇！你炒的菜好香呀！你在做什么菜？"这个时候教师的适当介入，不仅可以使游戏正常进行下去，还可以进一步拓展游戏情节。又如，在"中山港客运码头停车场"的户外建构游戏中，教师发现幼儿建构的"停车场"中车辆出入箭头标识有误，这时教师入戏扮演"司机"开车进入停车场后发出求援信号，以此引发幼儿的思考与调整。

介入从"介入形式"的维度又可分为语言介入和非语言介入。语言介入主要用于幼儿在戏剧游戏情境中遇到困难时，教师需要通过启发式语言推进游戏发展。启发式语言把幼儿面临的问题情境描述出来，把需要解决的问题摆在幼儿面前，引导他们积极思考并寻找解决途径，起到促进游戏情节发展的作用。在戏剧活动"打败怪兽"中，当极具破坏力的"怪兽"出现时，"公主"和她的朋友们变得手足无措，游戏面临中断，教师以"大王"的角色加入游戏，询问"公主"和"怪兽"：为什么"怪兽"想进城堡？它有什么样的诉求？它害怕什么？幼儿开始思考和讨论，于是守护城堡和"怪兽"的多样表现等情节不断涌现，故事被不断推进。当幼儿有不自信或不确定的表现时，教师可采用非语言介入的方式，如给幼儿一个鼓励式的微笑、向幼儿点头示意或点赞等。嘟嘟平常在班上是一个内敛、不善于表达的男孩子。这一天，在户外野战区"打败怪兽"的戏剧活动中，他用黑色披风和眼罩装扮了自己，龇着牙，咧着嘴，伸着"爪子"咆哮着："我是怪兽！"可是他一边说着，一边目光不自觉地看向教师。这时，教师微笑着朝他竖起大拇指，鼓励他的戏剧表现。

在户外自主游戏戏剧生成活动中，幼儿的戏剧游戏具有一定的随意性，教师需要认真观察，把握时机采用适宜的介入方式激发幼儿的游戏兴趣，丰富幼儿的游戏内容，拓展幼儿的游戏情节，扩充幼儿的游戏主题，只有这样才能促进幼儿多元化发展。

## 三、户外自主游戏中的戏剧生成活动案例

在户外自主游戏中，教师追随幼儿的兴趣及需求挖掘戏剧活动的主题；通过环境及材料的运用支持幼儿的戏剧表现；帮助幼儿拓展戏剧情节，深化游戏内容；在适宜的时机有效介入，提升幼儿的戏剧表演能力。在多年的探索中，我们梳理了一些基于户外自主游戏的戏剧生成活动，下面的大班戏剧主题生成活动"老鼠嫁女"及"最棒的探险队"就是其中具有代表性的案例。

### 戏剧活动：老鼠嫁女

【活动背景】

在一次户外自主游戏中，两名幼儿一前一后将一把长梯扛在肩上，另一名幼儿钻进梯子中部的"洞"里，还有一名幼儿站在"洞"外，拿着两块积木，一边敲打，一边大喊"起轿啦！"。说完，"抬轿"的两名幼儿有节奏地晃动着向前行进，中间"坐轿"的幼儿跟随节奏摆动身体。他们的游戏很快吸引了很多"观众"。原来，这几名幼儿在阅读区阅读了绘本《老鼠嫁女》之后，将故事中的情节迁移到了户外自主游戏当中。接下来一连几天，班上的幼儿或在建构区搭建"老鼠村"，或在野营区重现宴请宾客的场景。教师及时和幼儿进

行了谈话。

  教师：我发现这几天你们都在户外自主游戏中玩戏剧游戏，是吗？

  安琪：是，我们在演"老鼠嫁女"，我还扮演了美叮当呢！

  灏霖：我和好朋友在综合区玩抬花轿的游戏了。

  知行：我可是很会煮菜的大厨哦！兰兰是服务员，她不但要端菜，还要照顾好宾客呢！

  幼儿对《老鼠嫁女》的故事特别感兴趣。于是，教室里、走廊上、跑道上、野营区、野战区……一系列关于《老鼠嫁女》的戏剧主题活动发生了……

**【活动过程】**

**第一次活动过程：**

  环境建构：幼儿把老鼠嫁女的场景搭建在了班级的表演区和走廊。在表演区，幼儿用小栅栏围拢成老鼠的家，在走廊空地上放上积木，用积木隔成的空间搭建了阿郎的家、绣球台和美叮当的家。

图4-1 阿郎的家

图4-2　绣球台

图4-3　美叮当的家

搭建完成后，幼儿开始了自己的表演，教师随后组织幼儿谈话。

**讨论环节：**

教师：你们在表演的时候有什么感受或者有什么需要分享的？

洋洋：只有阿郎和美叮当有家，我们都没有地方去。

熙熙：而且那些积木都太小了，搭建出来根本不像个房子，都很矮。

俊源：猫来了大家一跑就全乱了，积木倒了，我们很多人都挤在一起，都没法再继续下去了。

教师：那你们有什么好的办法来解决这个问题吗？

知行：我们在户外活动的时候看见操场那里就有梯子、木板之类的，而且很大，我们到时候再把空心积木和这里的积木搬过去搭建。

瑶瑶：是啊！我们不只是建美叮当和阿郎的家，还可以建一个老鼠村，把我们的家都建进去。

教师：好的，那户外活动的时候我们可以去搭建一下试试。

### 教师思考

　　剧场搭建的过程也是戏剧经验建构的过程。在剧场表演环节，幼儿为了创编出他们自己的戏剧，实现在剧场的演出效果，会按照自己的需要对环境剧场提出要求。幼儿在剧场建构的过程中相互合作，在创编戏剧的过程中贡献自己的想法，互相交流经验，不断完善想法和剧场中的片段和元素。在剧场的搭建过程中，幼儿能够发现问题并提出解决的办法，因此，剧场是儿童戏剧创编的舞台，也是儿童戏剧创作的阶段性成果，教师需要做的就是继续支持和鼓励幼儿实施自己更"宏大"的构想。

### 第二次活动过程：

　　环境建构：幼儿先用人字梯和木板围成一座老鼠村，又结伴在老鼠村内搭建自己的家。随后，幼儿开始了戏剧表演活动：老鼠村的老鼠们都在各自忙碌着，有的钻进自己的老鼠洞睡觉，有的坐在家里聊天，还有的出来找食物吃。村长家里，美叮当正在梳妆打扮，村长对美叮当说："女儿啊，你这么漂亮，我要把你嫁给世界上最强大的人。"这句话正巧被路过的小老鼠听到了，它围着老鼠村边跑边喊："村长要嫁女儿了，大家赶快到村口集合。"于是，所有的老鼠都来到绣台前面等待着美叮当，希望她能够把绣球抛给自己。就在绣球即将抛出的那一刻，"喵呜……"传来一声猫叫，所有老鼠都吓得赶紧跑回自己的家里躲起来。

　　这个时候，游戏的场景比较乱，教师听见伊伊大声喊："这是我的家，你怎么跑到我家里来了！"老鼠们惊慌地到处躲藏，猫也跑到老鼠村来捉老鼠。老鼠村的环境布置很快招架不住，材料都东倒西歪了。

**讨论环节：**

教师：这次的戏剧表演你们觉得怎样？

瑞瑞：一开始我觉得很好，但是后面猫来了的时候大家都乱跑，搞得我们的场地乱七八糟。

伊伊：童童跑到我家里来了，我觉得我们要给自己的家取个名字，然后挂在自己家门口。

辰辰：猫和老鼠大战的时候不能在老鼠村，这样一下子就把我们的老鼠村弄得东倒西歪，我们还没有表演完就要重新搭建老鼠村了。

教师：那你觉得老鼠和猫应该在哪里战斗呢？

辰辰：现在还不知道，我放学路过那里再去看看。

教师：好的，根据今天的剧场搭建及表演，你们可以讲给爸爸妈妈听，听听他们的想法，明天去户外搭建之前我们再讨论大家的计划。

第二天：

教师：根据昨天的讨论，相信宝贝们也有了自己的想法，谁来说一说？

辰辰：我昨天放学和知行去看了，我们都觉得野战区很适合做猫和老鼠的战斗环境剧场。

俊源：野战区之前玩过，已经有很多东西了，所以野战区我们可以不用做，到时候直接去那里。

知行：我爸爸说野营区可以作为摆酒席的地方，我可以做厨师。

遥遥：我参加过婚礼，要贴很多喜字的。

熙熙：老师教过我们剪喜字，我们可以剪一些贴在树上。

知行：我会搭灶台，以前我叔叔结婚就有灶台，有厨师做饭给那些坐在桌子那里的人吃。

熙熙：那我们也要搭建桌子，要不然客人去哪儿吃饭！

安琪：我也参加过婚礼，那个酒店的门口还有新郎和新娘的结婚照呢，我们还给了红包，有人在门口收红包。

教师：场景我们都想好了，这些场景我们怎样去实现？如何把它们建起来呢？

颢霖：像以前一样，我们先分组，有搭建老鼠村的，有布置酒席的。（因为之前的复杂活动都是通过分组完成，所以这次的搭建幼儿运用了他们分组的经验）

熙熙：我们可以利用在课室区域活动时间把我们自己想要的东西先画出来，比如，遥遥昨天说老鼠的家要起名字，需要写下来挂上去，还有老鼠村三个字也要写，喜字也要剪。

安琪：新郎、新娘的结婚照也要画一下。

教师：这个想法不错，我们在课室利用区域活动时间把户外做不了的剪喜字和需要画的画先完成了，自主游戏时间就可以拿去布置剧场啦！

### 教师思考

　　随着场地的更换和戏剧表演的不断推进，新的矛盾产生了，进而引发了新的问题，即"猫鼠大战场地"和"婚礼酒席现场"的问题。这些问题需要幼儿根据情节的要求合理安排环境剧场、标志及场地装饰。教师观察到了这一点，也了解了幼儿的戏剧游戏行为，从而能更好地支持游戏的持续发展。教师既要为幼儿的剧场活动探究提供精神支持，也要为幼儿提供丰富的材料支持，这样才能让游戏富有激情地进行下去了。

### 第三次活动过程：

　　制作道具：幼儿利用区域活动的时间商量着道具的制作。扮演太阳的幼儿给自己做了一个大大的金黄色的太阳头饰，扮演墙的幼儿在纸上画出一块一块坚硬的砖，扮演老鼠新娘美叮当的幼儿用红色绸缎做了一个绣球。大班的幼儿在服装和道具的设计上会根据日常生活中的发现加上自己的想法，如扮演老鼠爸爸（村长）的幼儿在设计自己的角色形象时，特意从家里拿了一副眼镜戴上。这是源于幼儿在生活中观察到自己的爸爸戴眼镜的细节，从而让老鼠爸爸这个形象变得更有趣。

　　扮演迎亲队伍的幼儿犯愁了，他们需要一些道具，但是不知道去哪里找。经过商讨，他们列出了迎亲需要的物资清单：花轿、锣、鼓、喇叭、礼物、喜庆的音乐。

　　大部分材料很快就能准备好，因为幼儿园里就有现成的，但是花轿让大家犯难了。教师也觉得准备花轿不容易，于是参与了幼儿的讨论。讨论中，幼儿一致认为纸箱是做花轿的理想材料，美工区里的PVC管可以作为花轿的抬杆。教师把幼儿的想法发到了家长群（班里的戏剧主题从一开始就会在家长群发布动态进展）群里有位家长说他们厂是做纸箱的，可以拿一个大纸箱；有一位开五金店的家长说可以拿4根PVC管来……就这样，幼儿在集齐材料的当天就装饰好了一顶花轿。

　　终于，每个幼儿都能按照自己的角色和想法做出自己喜欢并且实用的道具。通过制作道具的过程，幼儿在合作、协商、讨论、体验中提升了动手、动脑以及调动身边一切资源的能力。

　　环境建构：在建构老鼠村之前，幼儿决定分组合作完成。首先分成两大组：老鼠村搭建组和酒席布置组。在这两大组的基础上又分成几个小组。老鼠村搭建组分为村庄围墙与绣台搭建组、7个老鼠家搭建组。幼儿给老鼠的家起名为豪豪家、星星家、小小家、小花园、村长家、阿郎家、月亮家。

　　搭建村庄围墙与绣台组的幼儿把双人梯摆在两边，摆成两排，用木板架在双人梯上把整个喜宴场地围合起来，然后将塑胶弯道竖起来放在围墙的一边作为老鼠村的大门，将正方体空心方盒放在围墙的另一边作为绣台。

图4-4　老鼠村场景

图4-5　绣台

　　搭建老鼠家的幼儿两两合作，用轮胎、垫子搭建出了自己喜欢的家，还有用垫子与积木组合搭建的家，幼儿还在村长的家中布置了婚房，最后把在班级区域活动时画的家的标志张贴在家门口。

图4-6　用轮胎搭建的老鼠家

图4-7　用垫子围合的老鼠家

图4-8　用安吉积木搭建的老鼠家

图4-9　带轮子的老鼠家

图4-10　用垫子与积木组合搭建的老鼠家

图4-11　老鼠婚房

　　酒席布置组的幼儿又分为灶台搭建组（2组）、门口礼金组、酒席桌椅搭建组。

　　灶台搭建组的第一组利用轮胎和木板搭建了高灶台（主要用来炒菜），第二组用轮胎和木板搭建了低灶台（主要用来煮饭）。

　　门口礼金组的幼儿利用轮胎和木板搭建了礼金台，利用班上的区域板作为张贴海报的支撑板。

图4-12　礼金台

　　搭建酒席桌椅组利用野营区原有的桌子，然后用万能的圆饼作为凳子。

图4-13　喜宴桌

幼儿搭建完老鼠村和喜宴桌后，用自己带来的装饰品对这两个区域进行了装饰。老鼠村呈现一派喜庆洋洋的景象。

图4-14　装饰结婚海报

**教师思考**

通过老鼠村的搭建，幼儿的分工合作、统筹事物以及空间建构的能力有了进一步的提升。

（1）幼儿在老鼠村的表演。

图4-15　老鼠在洞里吃东西

图4-16　老鼠们在等待接新娘

图4-17　老鼠钻洞

图4-18　老鼠新娘抛绣球

（2）猫来了以及猫鼠大战。

图4-19　猫来了

图4-20　猫鼠大战

（3）村长为女儿找最强大的新郎。

图4-21　老鼠爸爸找太阳

图4-22　老鼠爸爸找乌云

图4-23　老鼠爸爸找围墙

（4）迎亲队伍。

图4-24　迎亲队伍行进中

图4-25　新郎新娘进入宴席

（5）酒席。在音乐和恭喜声中，酒席开始了。

图4-26　宾客们相互照顾，好热闹

"老鼠嫁女"的户外戏剧游戏不仅是幼儿生活经验的再现，也是幼儿生活经验的创造性表征，充分反映了幼儿经验的细致程度和再创造能力。户外环境创建对幼儿的空间思维以及团队合作能力的提高起到了举足轻重的作用。

## 戏剧活动：最棒的探险队

**【活动背景】**

"那边有大灰狼！我还看到有人在挖宝藏，有人在砍树！我们赶紧过去保护森林！"文星喊。子轩跑到文星身边说："我是你的队员，我们一起去保卫森林吧！"然后贵宇也加入了保护森林的队伍。

接下来连续两天的户外游戏中，这几个幼儿都在扮演队员，在树林里维护秩序，寻找和发现不同的叶子和树枝。户外游戏是幼儿接触自然、感受自然环境最直接的方式。幼儿能在自然环境、自然状态中发现事物，在兴趣的驱动下对事物产生好奇，在宽松的氛围中深入体验、探究。基于幼儿的兴趣，教师带领幼儿阅读了绘本《最棒的探险队》。幼儿通过关注身边事物、环境，结合已知经验进行"寻宝探险"游戏，由此引发了绘本戏剧主题"最棒的探险队"。

在小树林游戏时，文星爬上滑梯的顶部，扶着一支粗树枝站起来，然后两只手握空拳放在双眼前，看向远方说："前面有一座大山，那里可能有宝藏，我们去探险吧！"随后，几名幼儿决定玩探险队游戏。

**【活动过程】**

讨论环节：

教师：我们在小树林扮演探险队需要带些什么道具？

子轩：表演区里已经有道具啦，我们拿下去演就可以啦！

教师：除了这些，我们还需要准备些什么道具呢？

诗诗：不用啦！我们下去也是扮演探险队队员的角色的呀！

梓峻：我们先去演一下吧，看看缺什么。我觉得我们要分一下从哪里进去，然后有什么动物，在哪里，怪兽的家又在哪里。

教师：分场地吗？

漠漠：要分一下谁在哪里，不然全部都挤在一起了，就不知道怎么演啦！

教师：怎么分呢？谁有主意？

梓峻：我们一起去演一下，在演之前先分好谁演什么，再根据演什么自己去选吧！

**第一次户外环境剧场表演：**

最棒的探险队出发了，马上要进入山林，陡坡有点难爬。

队长：后面的队员跟紧了！我是队长，要跟紧我！

图4-27　探险队出发了

队长：前面有大野狼，队员们赶快隐蔽起来！

薇薇：队长，你要小心大野狼！

在游戏后的讨论中，幼儿提出的反思问题：大野狼太凶了，不敢冲过去。

解决办法：扮演大野狼的幼儿先表现得凶一点，但是还是要让探险队员能走得过去，或者增加大野狼被探险队员骗走的情节。

队长：等前面安全了我们再爬过山洞，山坡有点难爬呀！

队员：拉我一下！

队长：好的！快拉住我的手！

图4-28　遇到大野狼

队长：要过河啦！驯兽师，你要拉好你的狗狗，要保护好它！

狗狗：汪汪汪！

驯兽师：好的！它现在很听话！狗狗，你很棒！跟上！

狗狗：汪汪汪！

图4-29　要过河了，保护好狗狗

队长（小岛上）：哎呀！

队员：队长摔倒啦！

队员：队长，在哪儿摔倒啦？我来扶你！

队长身边顿时围了几个队员，争着扶队长。

图4-30 队长摔倒了

在游戏后的讨论中，幼儿提出反思问题：桥太短，一下子就过去了，也很挤。讨论的解决办法：多搬一些轮胎来，搭得长一些，有些地方可以叠高一些。

重点讨论的问题：场地还可以怎样搭建？

队员：队长，你还能走吗？

队长：不行，我的脚受伤啦！

队员：我们一起来扶你，我们不会把你扔在这里不管的，你是我们的队长！

图4-31 快把队长扶起来

在游戏后的讨论中，幼儿提出反思问题：队长崴到脚了，但是他还在笑。

讨论的解决方法：崴到脚是很痛的，所以笑是不对的，要有痛的表情，还要有害怕和担心的表情，直到有人救了他。

图4-32　队长摔伤了，还在笑

队长：这里有怪兽！快逃！

图4-33　怪兽来了，快逃

队员：怪兽追过来啦！怎么办？

队长：快躲起来！先躲起来！往这边走，快跟上！我有地图！

图4-34　怪兽追来了，躲起来

队长：你是谁？

怪兽：你是谁？你来我家干吗？

队长：我知道了，你是怪兽！狗狗，快过来，你去闻闻，她是不是怪兽！

怪兽：难道你看不出来吗？你们来我家要干什么？

图4-35　探险队误闯"怪兽家"

队员（大喊）：队长，我们的探险犬不见啦！

队长（回头看）：它跑哪儿去啦？你们怎么没看住它，不是有狗绳拉住它的吗？

驯兽师：它找到了一个新的窝，很舒服，不肯走啦！

在游戏后的讨论中，幼儿提出反思问题：扮演怪兽的幼儿在表演的时候是讲普通话吗？

讨论的解决办法：要说普通话，不然听不懂，没法表演；可以讲"怪兽语"，但要用动作告诉大家自己的想法。有时也要会讲"动物普通话"。

薇薇（摸着狗狗的头）：狗狗，你跟我们去探险吧！

图4-36　邀请狗狗一起探险

狗狗：汪汪汪！我不去，我找到我的狗窝了！

图4-37　狗狗耍赖不走了

在游戏后讨论中，幼儿提出的反思问题：狗狗耍赖不走了怎么办？

解决办法：驯兽师给狗狗最喜欢吃的食物诱惑它。驯兽师哄几次狗狗，狗狗就应该跟着走了，因为狗狗要听主人的话。

此外，幼儿在讨论中还提出了很多问题。

**问题一**：探险队队伍拉得太长。

找出原因：

梓玉：前面的队员走得太快，队长在走的时候要回头看看后面的队员是否跟上了，如果后面的队员没跟上，队长就要在前面等一等，或者回头看看队员是不是被抓走了或是受伤了。

**问题二**：在探险队员没来的时候，树林里的野兽和动物们可以做什么？可以演一些什么内容呢？

小蝴蝶：我们可以去和旁边的动物一起玩，也可以表演一下客人。

柏凝：我扮演小兔子，可以去采蘑菇，等探险队快到的时候就赶紧跑回家去。

**问题三**：场地还可以怎样搭建？

小钰：森林里有山，会有斜坡，还会有动物的家。

教师：可以用什么材料让我们的户外环境剧场有类似真实的"山"？

文星：我们可以用人字梯、单梯，还有木板、砖块、积木来搭建。

小钰：爬斜坡、过桥那里，我们多搬一些轮胎来，搭高一点，搭长一点。

### 教师思考

幼儿第一次感受在真实的"森林"环境中表演。幼儿以"角色先行"，通过扮演角色，感受角色特征，体验角色与场地、区域的划分（场地与角色）以及行走的路线。幼儿扮演感知体验后提出了很多问题，并通过讨论一一尝试解决，体现出良好的协作意识、问题解决能力。但是，教师也发现幼儿的团队意识不强，故事情境缺乏联系。

**教师支持**：为支持幼儿表演，教师要为幼儿提供搭建需要的材料；组织幼儿一起绘制场地搭建的平面图及路线图；投放关于"探险"的绘本，让幼儿在绘本情节中激发想象力，创编扮演时的故事情节。

**第二次户外环境剧场表演：**

环境建构：在第一次户外环境剧场表演中，幼儿发现小树林现有的环境不能支持他们探险游戏的需要，于是在与教师讨论后，有了第二次户外环境剧场的建构。

图4-38 穿越火线

图4-39 建构大山和悬崖

图4-40 蛇洞和小火龙的家

图4-41　山与山之间的连接

图4-42　不同高度的山

图4-43　动物的家

图4-44　长长的桥

探险队要出发了，我们的队伍里有游客，还有找宝藏的人，我们一起出发喽！

图4-45　探险队开始第二次探险游戏

在游戏后的讨论中，幼儿提出的反思问题：游客太多，队伍太长了。

解决方法：幼儿可以选择当观众，也可以选择当联络员，还可以选择扮演森林里的猛兽。

猛兽们都在洞口处等着探险队员们从山洞里钻出来呢！

图4-46　猛兽堵住洞口

队长：这里猛兽太多了，你们跟着我，我们原路退回去！快，跟上！

队长：猛兽一路追击我们，我们没法走，快点，后面的队员跟上！

佩儿：队长，我看到了猎人！我们请猎人来帮帮我们吧！

队长：猎人？在哪里？我们现在怎么找到他？

佩儿：我去叫他们过来，我一进森林就看到他们两个啦！

队长：你要注意安全，注意猛兽！

图4-47　逃脱猛兽，向猎人寻求帮助

玥玥：我发现了，这里有宝藏！快来挖！

队长：哪里？我们一起挖出来，看看是什么。

佩儿：探险队都走了，等下我们怎么走？

玥玥：没事，等挖完宝藏，我们自己走，他们会留下脚印，我们找他们的脚印。

图4-48　发现宝藏

猎人听到了队员的召唤声，往探险队的位置赶了过去。

猎人：让我们来保护你们，我们有枪，还可以给你们带路，我们走前面。

图4-49　猎人出现

说完，猎人走在了最前面。猎人举着枪，小心地带领队员往前走，当发现前面的怪兽或猛兽时，猎人用枪口对准，说："我是猎人，我有枪！砰砰砰！你被打死啦！"这时，右边又来了一只老虎，导航员大叫："看，那边来了一只老虎！"猎人将枪口转向了老虎，"砰砰砰！老虎被打死了，我们可以继续往前走了！"猎人骄傲地说。

理皓（转头问老师）：为什么猎人看到动物、怪兽都要打死呢？我们不是应该保护动物吗？

悦宁：老师，猎人来带队了，我们都要听他的吗？队长都不说话了。

图4-50 猎人连续用枪打死怪兽和动物

新的游戏互动产生了新的问题，幼儿们又展开了新的讨论。

**问题一：**猎人老是拿着枪，见到动物就打死动物，这样好吗？

理皓：不好，要保护动物，最好不要伤害它们，把它们赶走就好了。

梓峻：动物是会看的，有些动物看到人就会躲起来，就像人看到一些动物，像狐狸呀、狼呀会先躲起来；但是有些动物是发现有危险的时候才会跑。演动物的小朋友要看自己演的是什么，也要看什么时候需要躲起来。

**问题二：**队长走得太快，后面的队员走得太慢。

飞飞：队长慢点走，回头看看队员。可以沿路留下线索，后面的队员可以看标识找队长。我们可以做指示牌或者做记号。

**问题三：**队员不听指挥怎么办？

楷楷：先提醒他，如果再不听就停止游戏。

恩恩：要定个表演规则，大家都要遵守。

**问题四：**配角成主角，猎人来带队，走在最前面了，探险队长没得演了，怎么办？

诗诗：如果猎人带领得好就让队长先休息一下，等队长休息好了再换回队长带队。

**教师思考**

　　幼儿有了一定的表演经验，在表演故事情节时，沉浸于自己扮演的角色，并通过角色的"我"发现表演时出现的问题，能积极讨论解决问题的办法。

　　**教师支持**：教师为使游戏继续进行，提出以下问题：你希望在一个什么样的探险环境中表演？通过讨论，幼儿认为要让现实环境与假想环境相融合，丰富搭建材料，运用麻绳、高矮不一的梯子、木板、轮胎等材料进行搭建。教师激发幼儿的想象力，让幼儿在角色扮演中感受高低起伏的"高山"，通过不同形状的"防火线"和爬"斜坡"、过"桥"等场景增加角色的带入感，同时丰富角色的塑造方式，激发幼儿的创演能力。

**第三次户外环境剧场表演：**

环境建构：教师先与幼儿讨论，了解幼儿的需要。

柏凝：森林里会有蛇，蛇会趴在树上，让人觉得很恐怖。

图4-51　大树上的蛇

枫枫：原始森林会有鳄鱼。有个大大的鳄鱼池，里面的鳄鱼都张着嘴，等着路过的人；树上还有毒蜘蛛。

图4-52　鳄鱼池

图4-53　树上的毒蜘蛛

小钰：森林里会有一些防火的标识，是用来提醒人们的，还会有路的指示牌，告诉人们怎么走出去。

图4-54　路标

吴炅：猎人需要一个稻草屋，还要有条小船，去海里探险。

图4-55 稻草屋

图4-56 小船

探险队员们出发了，他们首先从一个山洞里钻过去。这时，在山洞的上面出现了一条绿色的蛇拦住了他们的去路。

图4-57 又一次遇见蛇

经过几次"交锋"，蛇在猎人猎枪的威胁下爬进了山洞里。山洞里的队员慌忙从山洞里退了出来。

图4-58 蛇躲进了山洞

队员们决定从山洞旁边的悬崖爬过去。队员们排成一排，小心翼翼地爬上去。这时蛇从山洞的另一边钻了出来，露出了尖尖的毒牙。

图4-59 蛇又一次出现

队员们吓坏了，纷纷逃跑。

图4-60　探险队员们吓得四处乱窜

　　队员们穿过火线，上了船，划呀划呀，终于上岸了。他们准备翻过这座大山，去大山的那边看一看。

图4-61　探险队员们翻越大山

　　翻过大山的队员们都累了，他们找到空地，搭起了帐篷。大家都钻进了帐篷，并在里面休息、吃东西补充体力。

图4-62　探险队员在帐篷里休息

在队员们休息的时候，大野狼闻着味道找了过来，它用尖尖的爪子抓着帐篷的门。队员们慌忙从帐篷的另一边跑了出去。

图4-63　大野狼出现

队员们来到了森林的一片空地上，动物学家发现了树上一条颜色非常鲜艳且很长的蛇。另外两个队员被这条蛇吓跑了。

图4-64　探险队员又一次发现树上的蛇

吓跑的队员来到河边，走在小桥上。一个队员突然被罩住了头，原来是怪兽和大野狼一路跟踪着探险队员们，就这样，一名队员被他们抓走了。

图4-65　一名队员被怪兽和大野狼抓走了

**教师思考**

　　幼儿有了较丰富的表演经验，在创作剧情时会主动加入自己的创意与想法。扮演前，幼儿自主选择角色后主动交流故事情节，在听取同伴的讲解后，能认同同伴的创编，还会在同伴创编的故事的基础上进行补充，让故事情节更丰富，让角色特征更凸显。在游戏的过程中，幼儿会受环境变化、同伴角色的影响，基于自己的角色临场发挥，增添内容或者提出质疑，不断观察、反思与调整。在一次次的扮演中，幼儿投入角色，紧抓故事主题中的探险情境，与环境积极互动，沉浸于环境与角色、角色与角色的融合中。

**教师支持**：教师应创设自主开放的环境氛围，鼓励幼儿积极参与场景道具的创设、角色的增减、表演内容的创编、规则的制定等活动，给予幼儿足够的时间和空间，让幼儿对游戏中产生的争议、质疑进行讨论协商，并允许幼儿反复推翻或重建环境、情节，从而支持户外自主生成探究性戏剧游戏活动。

此外，根据幼儿的年龄特点及即将上小学的发展需要，在游戏中融入入学准备活动，将前书写、前阅读融入到环境创设和游戏中。例如，在扮演过程中生成制作多种指示牌的任务，与幼儿共同讨论指示牌的作用及用途，共同制作指示牌，并根据小组表演前创作的故事情节将指示牌投放到环境中。

## 四、户外自主游戏中的戏剧生成活动评价

表4-1 一幼户外自主游戏中的戏剧生成活动评价表

| 项目 | 评价 | 简单描述 |
|---|---|---|
| 1.发起人是幼儿或教师吗？ | | |
| 2.是否符合幼儿的年龄特点？ | | |
| 3.是否处于合适的场景或空间？ | | |
| 4.幼儿是否感兴趣，是否能主动参与？ | | |
| 5.在理解和思考角色的基础上，幼儿能否运用肢体与表情、言语和声音进行角色塑造与情节创作？ | | |
| 6.幼儿能否根据需要，两人或多人积极互动，合作进行情节创作？ | | |
| 7.幼儿能否坚持自己所扮演的角色，并体验和表现角色的情感？ | | |
| 8.幼儿能否根据需要进行角色装扮或运用音乐、音效烘托氛围？ | | |

# 第五章

## 家庭里的亲子戏剧

今天接小宝回家，在车上小宝难过地对我说："妈妈总是没空陪我玩，回到家妈妈又要忙着做饭了！"我不禁懊恼起来。的确，作为双职工家庭，我和爱人总是很忙，没有空陪孩子玩游戏。下班回到家，我一头钻进厨房赶着做饭，小宝在客厅自己拼搭积木。"妈妈，妈妈，你看我拼的积木，好看吗？"但是我没空理她。这时，我想起幼儿园老师说过的戏剧游戏。戏剧来源于生活，那我和孩子是不是也可以试着玩一下呢？我灵光一闪："诶，小宝，这番薯藤叶怎么忘记摘、忘记洗了呢！哎呀……"小宝立刻反应过来说："妈妈，我们可以玩珠宝王国的游戏呀，你是女王，我是你的小工匠，我们一起来摘藤叶，做珠宝加工！"

我马上进入了角色，仰起了头，手叉腰，端起了"女王"的架子，吊起了嗓门，对小宝说："嘿，我的小工匠，我的宝石制作好了吗？"小宝一听，忍不住笑了起来，捂着小嘴巴，说："妈妈，你这样好好笑喔！""女王"见状，严肃地瞪了"小工匠"一眼。"小工匠"见大事不妙，马上向着"女王"双手作揖，紧接着拿起一条藤叶说："好的，我亲爱的女王，我马上就去制作！"于是，一场"宝石加工厂"戏剧拉开了帷幕。"小工匠"拿着我准备做晚餐的番薯藤叶认真地摘起来。我不时地在一旁指导、监控，气氛温馨和谐，不一会儿，一根根用番薯藤叶制作而成的宝石项链出炉啦！"小工匠"一一向"女王"介绍道："亲爱的女王，这是珍珠项链，您可以出去玩的时候戴上，搭上裙子最好看了！""还有，这个是用蓝宝石做的耳环，您看您喜欢吗？""女王"听了连连点头，说："哇，这些宝石都好看极了，我很喜欢。好，我要重重地奖励你！"……

上面这个故事来自我们幼儿园的小宝妈妈与小宝在家的戏剧游戏活动。如何在繁忙的工作和生活中确保有质量的亲子互动和陪伴是当今社会多数家长迫切需要解决的问题。通过上面的小故事可以发现，陪伴可以利用日常生活情境进行亲子戏剧表演，不是吗？

故事中，归家路途上，幼儿兴致勃勃地分享，而妈妈分身乏术；在厨房的劳作中，母女原本也是按部就班地各司其职。然而，幼儿不经意的游戏邀约，妈妈积极主动的回应，为平凡乏味的日常生活添加了想象的翅膀。"摘番薯藤叶"这一家务，不再是一项枯燥无聊的劳务，而是亲子娱乐的游戏，是亲子沟通的温馨互动。亲子陪伴不需要在做完饭后、吃完饭后的特定时间、特定环节开展，不一定要配备一件玩具、一本故事书等道具，也不一定要进行严谨的设计和实施，大胆、开放的扮演，随意的假装，因地制宜的取材……抛开了妈妈家务劳动者的疲惫外壳，把家务活转换为一种游戏，以幼儿感兴趣的形式和幼儿在一起玩、在一起疯，于是，家务活完成了，亲子陪伴效果有了，还锻炼了幼儿的动手操作能力，真是一举多得呀。

亲子戏剧就是这样可以自然而然、随时随地开展，有就地取材、活灵活现的特点。只要扮起来、演起来，有生动的角色互动、情感体验，就是与幼儿最好的互动、最动情的陪伴。

# 一、亲子戏剧的含义、特征与价值

## （一）亲子戏剧的含义

幼儿园亲子戏剧是指幼儿与家长以绘本主题、音乐作品、动画片及生活事件等为来源，随时随地、即兴而发，或是亲子共商共演。亲子戏剧活动以幼儿为主体，家长尊重幼儿的兴趣，积极参与表演，追求的不是表演的专业化程度，而是亲子互动中感情交流的增进、家庭和谐氛围的营造，是亲子教育的有效途径。

## （二）亲子戏剧的特征

亲子戏剧有别于其他亲子互动、亲子教育模式，有其独到的特征。

### 1. 源于趣味

"儿童天生是戏剧家"，戏剧扮演源于幼儿与生俱来的兴趣爱好。例如，一个两岁的女孩子穿起妈妈的高跟鞋，挎上妈妈的小包包，学着妈妈走路的样子，对着家人说：我要去上班喽！她在不知不觉中完成了一次戏剧扮演活动。

### 2. 源于自然

亲子戏剧的开展不需要特定时间、特定环节，也不需要为了扮演而制作、购置道具，可以就地取材、随时随地发生。三岁的幼儿可能随手拿起一根木棒，挥动着说是"魔法棒"；也有可能随地捡起一根树枝，把它当成一把"手枪"，做瞄准状，嘴里喊着"我是警察，举起手来"，此时此刻，他认为自己就是警察。

### 3. 源于共情

亲子戏剧游戏通过角色的扮演，充分提高幼儿的共情能力，使幼儿学会体察他人，促进幼儿的情商、社会性发展。例如，扮演猪妈妈的幼儿一边轻轻地抚摸着哭闹的小猪宝宝，一边温柔地说："宝宝不哭，妈妈在这里陪你。"幼儿能以猪妈妈的角色换位思考，体察他人的感受。

## （三）亲子戏剧的价值

### 1. 提升认知发展

亲子戏剧的内容主要来源于文学作品、日常生活故事、社会常识及热点话题等。根据这些作品、故事、话题，师幼、亲子共同创编剧本情节，通过对故事的深层挖掘和人物的塑造来满足幼儿对人、对事物、对社会变化发展的认识和理解的需求。例如，正在看神舟飞船发射视频的弟弟站在沙发上，双手向上托举着对家人说："我是夜空里的一颗流星！看我一闪一闪亮晶晶。我喜欢太空故事，我们一起来玩太空人的故事。"

图5-1　"太空的故事"表演剧照

### 2. 锻炼肢体表现力

在具体的戏剧实践中，幼儿通过身体造型、装扮及道具使用等扮演特定情境中各种虚拟的角色，同时对其身份、外形、行为、语言或声音等进行揣摩以完成对角色的塑造。因此，戏剧活动能够增强幼儿的肢体及语言表现力。例如，幼儿听了妈妈讲野兽的故事会张大嘴巴，伸出尖尖的"爪子"，发出吼叫："我也会生气，我也能吓跑野兽，妈妈，我很厉害吧？"妈妈吓一跳，双手抱紧身体，浑身哆嗦地说："你的野兽行为真可怕！我看到了你张牙舞爪，还会爬高爬低……"幼儿则跟随妈妈的描述不断变化动作……

图5-2　"我是野兽"表演剧照

### 3. 有助于社会性发展

在戏剧的排演过程中，幼儿会经历在集体中交流学习的过程，他们必须遵守一些基本的行为规范，并对自己扮演什么样的角色、何时上台、何时下台都要有清晰的认识。因此，幼儿会逐步表现得很有主见：我扮演的是小鸟，应该是小老鼠先出场，遇到了蝴蝶，然后才到我出场。此外，幼儿扮演不同的角色，并通过表演理解不同的角色，与角色产生共鸣，这能够帮助幼儿积累丰富的社会经验。

图5-3　扮演小鸟的幼儿

### 4. 有利于情绪情感的表达

戏剧作为一种情绪体验的方法，能帮助幼儿在安全的环境中表演夸张、恐怖或被袭击的事件。戏剧还可以作为一种交流工具帮助扮演者走出困境。在一定的戏剧环境中，幼儿可以利用戏剧来表达平时难以用语言表达的情感，做一些平时自己觉得不方便做的事或抒发一些平时会被责怪的情绪等。

例如，小可因为拿不到玩具而大发脾气：用小棍子敲打柜子门，将柜子旁边的小椅子用力一摔……

妈妈用录音机播放了绘本故事《不要随便发脾气》。小可被故事里的情节吸引了，安静地坐在地上听着故事里的库特为什么和自己一样在生气。故事讲完了，妈妈拉着小可的手说："我是库特，我今天特别生气！我要将我最爱的菜篮子送给楼下的阿姨，以后再也不去买菜了！"说完，妈妈走到厨房准备拿篮子。小可马上拦住妈妈说："妈妈我错了，你别扔！"

图5-4　发脾气的小可　　　　　图5-5　知错的小可

### 5. 促进语言表达能力的发展

亲子戏剧能够有效促进幼儿语言表达能力的发展。一方面，在进行戏剧活动时，幼儿需要和家长讨论剧本与角色，这种交流和互动的过程有利于幼儿语言的表达和思维的整理；另一方面，幼儿在亲子表演或者观看过程中，在戏剧表演结束以后，都会根据剧情和表演者的语言、动作用自己的语言去互动和感受。最近，四岁的文文没事就拉着妈妈一起表演"小猫钓鱼"的故事。他一边安排妈妈坐在院子里专心钓鱼，一边自己扮演着"小猫"拿着捕鱼网到处转悠，嘴里还嘟哝着："钓鱼要一心一意，像你这样三心二意是不行的。"

图5-6　"小猫钓鱼"表演剧照

#### 6. 增进亲子关系

在亲子游戏中，家长适当参与不仅会让游戏变得更加丰富有趣，还能增进亲子关系。晚饭后，小明哭闹着要看电视，爸爸不允许，奶奶为转移其注意力，说："小时候奶奶最喜欢和同学一起玩'何家公鸡何家猜'的游戏了，可有趣了，可惜我的同学都不在这里。"说着，奶奶脸上露出了失望的表情。小明懂事地看着奶奶，安慰她说："奶奶，我是你的小伙伴，我们一起玩吧！"一旁的爸爸立即举起一只手做公鸡状："我是公鸡，喔喔喔！"奶奶笑眯眯地唱道："真怪诞呀，又有趣。"

图5-7 "何家公鸡何家猜"表演剧照

## 二、亲子戏剧的类型

### （一）根据亲子戏剧内容来源分类

#### 1. 基于绘本的演绎

幼儿喜欢"假装"，喜欢游戏、装扮、想象。丰富的绘本资源为幼儿的戏剧活动提供了蓝本。首先，幼儿们要熟读绘本，然后模仿故事里角色的表情、动作，更好地去体验、理解故事内涵。当对绘本很熟悉时，家长可以带领幼儿一起创编，根据幼儿的兴趣即兴演绎。

幼儿挑食是令很多家长头疼的问题。一些家长要么说教，要么威逼利诱。

比如，有的家长利用教师的"权威"去压制幼儿："我要告诉你们班的李老师！"……这种做法不仅收效甚微，还会后患无穷。只有理解幼儿，根据幼儿的特点用幼儿的方式去沟通才会有效。

例如，在《我绝对绝对不吃番茄》这本书中，小女孩本来不爱吃番茄，陪伴她的哥哥采用想象、戏剧表演的方式让妹妹在游戏中自然而然地接受了番茄，甚至爱上了吃番茄。这正是因为哥哥接近小女孩的年龄，知道小女孩的想法，找到了与小女孩正确沟通和交流的方式。埃克苏佩里通过《小王子》提醒我们："所有的大人都曾经是小孩，虽然，只有少数的人记得。"成人离孩子太远了，太久没有做孩子了，可能忘记了跟孩子正确沟通的方式。

绘本不仅能帮助幼儿理解生活上的问题，还能引发幼儿情绪、情感上的共鸣。有时候幼儿表现出的反复无常、小题大做，甚至情绪突然爆发，并不是在无理取闹。家长能准确识别出幼儿行为中透露的情绪变化吗？如何帮幼儿排解消极的情绪？和幼儿一起读一读介绍"情绪"的绘本，比起单纯的说教，幼儿更容易对故事里的情绪感同身受。例如，绘本故事《请不要生气》，故事中的小男孩经常受到批评，他总是做一些自己觉得没有什么不妥但是在大人眼里却很不对的事情，所以总是惹大人生气。可他心里是多么希望大家都不要生他的气呀。成人听懂幼儿的心声了吗？成人是站在和幼儿一样的高度来考虑问题吗？成人是否在将自己的观点强加于幼儿？是否以大人的角度来和孩子说话呢？由此，家长可以通过此类绘本故事，与幼儿共同进行戏剧表演，更好地理解、疏导幼儿的情绪，达到共情共育的效果，并增进亲子对彼此的了解。

在家庭亲子戏剧的活动中，家长不必过于执着追求高深精湛的演技，只需鼓励、支持幼儿的表演。例如，在"三个强盗"亲子戏剧活动中，面对幼儿的造型模仿，家长不要给出"好"与"不好"的评价；在幼儿扮演角色时，家长可以和幼儿进行角色对话，如"我是独眼强盗，你是什么样的强盗？看看我们谁更像强盗！"帮助幼儿用肢体、动作、神态、语言等来表现角色的特征。如果幼儿在角色表演上有困难，可以用相互模仿的形式进行。家长不能有急于求成的心态，要耐心等待幼儿，和幼儿一起不断积累丰富的戏剧表演经验，共同在尝试体验中获得成就感。

### 戏剧活动：《三个强盗》片段

（从前，有三个很凶的强盗，他们的装扮和武器都很奇特……）

#### 一、"强盗"变变变

家长和幼儿熟读绘本故事《三个强盗》后，一起讨论强盗的不同造型和动作。

家长："你想表演什么样的强盗？不同性格的强盗脸部表情是怎么样的？你能模仿你想象中的强盗吗？"

家长用开放式的提问，引发幼儿积极想象，利用肢体动作表达出绘本中角色的特征。

幼儿根据家长的铃鼓节奏在活动场地自由走动，铃鼓声停止，幼儿马上变成强盗造型不动。

图5-8　不同造型的"强盗"表演剧照

## 二、"强盗"来了

家长和幼儿一起选取绘本故事中的一个片段，和幼儿共同讨论角色、情节、场景等，让幼儿分配角色，最好让幼儿自主选择自己想要扮演的角色并设计一句台词，最后串联起来，表演一个片段。

（晚上天黑了，他们就到路上去找倒霉的人……）

爸爸入戏扮演强盗：强盗穿扮好出门，大笑一声，说道："哈哈，今天又是个好日子，我要出门干活了！"说完，使用各自的武器和方式拦截马车，如用胡椒粉喷马眼睛、用斧头砍轮子、用喇叭赶人下车等，然后说："留下你们的买路钱！"幼儿或家人扮演"倒霉的人"，看到强盗的出现，吓得惊慌失措，扭头就跑，尖叫着到处躲藏，嘴里不停地说着："不要抓我，不要抓我！"

图5-9 "强盗来了"表演剧照

### 2. 基于动画片的演绎

近年来，我国儿童动画业迅速发展，制作了不少可为幼儿观赏的作品，如《西游记》《黑猫警长》《葫芦娃》《熊出没》等，都是很受幼儿欢迎和喜爱的动画作品。面对幼儿喜欢并且愿意模仿这一客观现实，成人可以思考如何合

理地运用、强化动画片中的积极情节和正面场景。如此，既能满足幼儿的模仿欲望，又能激发他们通过奇思妙想丰富或改编动画情节，实现"幼儿才是戏剧的主人"这一重要的戏剧教育观。

家长还可以与幼儿一起回忆自己小时候看过的动画片，与幼儿分享自己最喜欢的动画片，丰富幼儿的想象，以此来激发幼儿戏剧表演的兴趣，进一步增进亲子关系。

在活动中，家长可以设定一些特定的表演情境，让幼儿思考如何表现。例如，亲子表演"西游记：悟空七十二变"的片段时，可以在活动中加入外来角色——二郎神或如来佛祖，让幼儿想办法应对他们，以增加游戏的趣味性；也可以通过语言来引导幼儿展开想象，共同创编、表达、演绎故事情节。

戏剧活动："西游记：悟空七十二变"片段

（太白金星在仙宫中对正在炼丹的仙童们说："人间有一妖猴到了仙宫，你们要小心妖猴，加强防范，莫让妖猴到仙宫捣乱！仙童们，门窗关好了吗？炼丹炉的火别熄灭了，莫让妖猴偷了仙丹！"……）

**一、飞行家**

家长与幼儿将客厅当成天上的仙宫，一家长入戏为太白金星，告诉大家：现在你们是仙宫的仙童，你们在仙境执勤的时间到了，请准备好飞行动作。上下飞行、左右飞行、直线飞行、转圈飞行……仙童根据太白金星的指令变换飞行方法。

图5-10 "飞行家"表演剧照

### 二、悟空七十二变

（孙悟空在太白金星的仙宫里窜上窜下，戏弄太白金星。悟空道："俺老孙来跟你老头借点宝贝，如果你不借，我就去玉皇大帝那里借点。"）

家长入戏为太白金星，从仙宫飞出来追着孙悟空说："大圣，请你等等老夫！"孙悟空手拿金箍棒，在头顶上挥两下说："你这金星老头，我要让你看看俺老孙的本事！"说完，一手伸出两个手指头，口里念出变身咒语变成云朵、房子、观音娘娘……太白金星在仙宫里追得满头大汗，被孙悟空的七十二变戏法戏弄得气喘吁吁。

图5-11　"悟空七十二变"表演剧照

### 3. 基于音乐作品的演绎

在亲子戏剧的开展中，音乐是戏剧活动的媒介，它传递着戏剧的情感和内容。而且，音乐可以随时随地与幼儿相伴，哪怕是在上下学的车上或旅途中，都可以乐享音乐。作为家长，如何有意识地培养幼儿呢？首先要让幼儿多听、多感受音乐中的节奏、韵律及蕴含的各种情感。根据年龄特点与认知规律，小班的幼儿可以先分片段，用肢体、动作表达，到了大班之后，就可以通过创编情节来表达。

这对家长的音乐素养也是一种挑战，但作为家长一定要主动、有意识地营造艺术教育环境，让戏剧与音乐相结合，使故事情节随着音乐的旋律变得更加丰满有趣，从而激发幼儿潜在的想象力和戏剧表现力，让幼儿在戏剧活动中成为真正的主人。

### 戏剧活动："螃蟹歌"片段

**一、钳子碰一碰**

家长扮演螃蟹爸爸和妈妈，幼儿扮演小螃蟹。螃蟹们听着音乐（螃蟹歌）跳起了螃蟹舞："我的钳子碰一碰，爸爸碰碰、妈妈碰碰、小螃蟹碰碰。我们是幸福螃蟹一家人！"

讨论：螃蟹一家要去哪里呢？爸爸脾气有多大？你能表现出脾气大的表情吗？妈妈是怎么挖洞的？我们一起来碰碰钳子挖洞啦……播放歌曲继续演绎。

图5-12 "钳子碰一碰"表演剧照

**二、螃蟹排排走**

播放纯音乐（螃蟹歌）。"来海边一起游戏啦！"爸爸大声喊道。妈妈赶紧说："来来来，我是螃蟹妈妈。"姐姐说："我是螃蟹姐姐。"弟弟问："螃蟹怎么走？"然后爸爸带着大家一起变成了螃蟹，做螃蟹挥着钳子横着走的动作，念着自创儿歌："大家一起来变螃蟹，变变变，爬爬爬，变变变，爬爬爬，钳子大又尖！挖土、刨坑、搬东西，哎呀呀！海浪来了，赶紧躲回家。"

图5-13　"螃蟹排排走"表演剧照

有些音乐作品对于幼儿来说不容易表达与表现，家长可以适当地给予提示和示范，但介入不可太多，否则幼儿会依赖家长，会束缚他们的想象能力、创作能力和表现能力。

### 4. 基于生活事件、关键事件的演绎

什么是幼儿感兴趣的、能激发起表演欲的生活事件、关键事件呢？比如，幼儿时常会模仿教师或家人的言行举止或者在幼儿园里发生的事情；一些重要的传统节日也会激发幼儿的表演欲，如春节时人们敲锣打鼓的庆祝、端午节的赛龙舟等；还有时事新闻、热点事件，如奥运会、神舟飞船上天、国庆大阅兵等。这些模仿丰富了亲子戏剧的内容，使幼儿能深刻地理解周围发生的事件，促进其认知和语言能力的发展，增进幼儿与社区、世界的联系。

家长要有意识地将幼儿与生活相联系，比如，幼儿在厨房择菜就是幼儿的生活事件。家长要善于让幼儿融入家务劳动，共同参与，而不是把幼儿当作"捣乱分子"；要转变观念，把幼儿当作合作者、协助者、生活伙伴，把幼儿看作一个有能力、有自信的学习者。家长要先有了这样的观念转变，再带着幼儿去经历生活中的点点滴滴。

## 戏剧游戏：划龙舟

**镜头一：了解龙舟赛**

家长请幼儿想象自己是划龙舟的选手，听着音乐、手拿船桨，随着家长的指令做出相应的动作。

图5-14 "划龙舟"表演剧照

**镜头二：看龙舟赛**

幼儿自己分配角色：导游、游客、啦啦队。

幼儿扮演导游，手拿小喇叭大声讲话："今天，我们来到了龙舟比赛的现场，首先要交代几件事，大家注意一下，所有人必须戴口罩，跟紧队伍，和大家一起为自己喜欢的参赛队伍呐喊、加油、挥红旗，看看哪一队获胜。"

图5-15 "看龙舟赛"表演剧照

## 戏剧活动：升太空

家长先与幼儿自由模仿机器人的动作，如身体僵硬、行动缓慢等，并对身体动作大胆想象，随着音乐表现乘坐火箭、失重飘动、太空漫步的情景。

幼儿扮演开飞船的指挥官，家长扮演太空人。指挥官手拿红旗说："火箭发射！请工作人员做好准备！"太空人手握火箭方向盘……咻的一声，太空船起飞了。飞船飞向太空，哇，失重的感觉太奇妙了！

图5-16 "升太空"表演剧照

幼儿的世界多姿多彩，生活中的每一个活动都是幼儿成长经验的积累。家长和幼儿可以在日常生活中挖掘戏剧题材，这些题材来源于幼儿丰富的生活经验，他们更熟悉、更容易掌握和表现，家长要善于从生活中发现戏剧元素。

在亲子戏剧游戏中，家长对于幼儿戏剧表达的内容和形式不要干预或限制，对于幼儿的自主创作表现，家长要给予鼓励、肯定与支持。家长在参与活动的过程中可以装出一副"无知"，但又很想参与、很想知道的样子，让幼儿成为戏剧游戏的主角，通过戏剧游戏培养幼儿学习思考、解决问题的能力。

## （二）亲子戏剧活动分类

在家庭中开展亲子戏剧活动，要根据幼儿的年龄特征选择合适的活动形式。

### 1. 以对话形式开展

对话式戏剧活动主要用角色的语言及对话来表现，幼儿也可以适当加入自己的语言。比如，演绘本剧经常会用故事中主角的对话。

小班幼儿的语言表达能力不强，家长可以根据绘本内容以一问一答的方式接住幼儿的话，并适当提醒幼儿剧情发展；中班、大班的幼儿有一定的语言表达能力，家长可以在原剧情的基础上与幼儿一起创编对话。在以对话式形式开展亲子戏剧活动的同时可以用肢体动作来演绎，不需要使用太多道具。

对于幼儿而言，创编会有一定的难度，所以家长可以用引导式的提问启发幼儿，如"如果你饿了，妈妈会怎么样？"家长提问式地与幼儿一问一答，引发幼儿创编更多的对话式句子，再根据剧情需要和幼儿讨论，一起梳理好后，重新演绎。

戏剧活动："逃家小兔"片段

### 一、绘本版

小兔子：我要跑走啦！

妈妈：如果你跑走了，我就去追你，因为你是我的小宝贝呀！

小兔子：如果你来追我，我就要变成溪里的小鳟鱼，游得远远的。

（小兔子双手做游泳动作）

妈妈：如果变成溪里的小鳟鱼，我就变成捕鱼的人去抓你。

（妈妈抓住小兔子）

（小兔子想到了很多跑走的方法，妈妈用许多方式来表达对小兔子的爱）

### 二、创编版

如果你饿了，妈妈会给你做好吃的。

如果你累了，妈妈会抱抱你。

如果你困了，妈妈会给你铺好床。

如果你生病了，妈妈会一直陪着你。

如果你不开心了，妈妈会哄你开心。

如果你长大了，你还是妈妈的宝贝。

图5-17 "逃家小兔"表演剧照

## 2. 借助木偶、手偶及物品开展

可以借助木偶、手偶及物品来开展戏剧活动。特别要强调的是，这些物件最好是生活中常见的物品，并且尽量通过"以物代物"的方式加以充分利用。比如，扮演老虎不需要穿上整套的老虎表演服装，只需要戴上具有象征意义的老虎头饰或尾巴，引导幼儿充分发挥想象力，用肢体、动作、表情等演绎老虎的典型特征。又如，一个纸盒可以是一部电话，也可以是一台冰箱，以此来引导幼儿发挥奇妙的想象力，不需要在材料、物品上给予过多的条件限制，鼓励幼儿天马行空地创想和运用。

### 戏剧活动："我不知道我是谁"片段

情景演绎（创编）：

妈妈手拿小兔子变成了小兔子达利B，高高兴兴地朝树林里走去，见到手抱小虎的幼儿后大叫一声："嗨！你是谁？我又是谁？我会爬树吗？我会跳高还是会游泳？我喜欢吃松果还是喜欢吃蜂蜜？"小兔子一连串的话让小虎很是奇怪："天啊！你是我今天遇到的最奇怪的家伙！"达利B接着说："那你是我今天第一个见到的家伙。"两个家伙你看看我，我看看你，哈哈大笑起来，友好地拥抱在一起！

图5-18 "我不知道我是谁"表演剧照

### 3. 以哑剧形式开展

哑剧又称"默剧"，是用动作、表情、神态代替台词表现情节、塑造人物、揭示主题的戏剧形式。哑剧形式对于小班、中班的幼儿来说比较难，适合用在大班年龄段幼儿的亲子戏剧活动中。哑剧对表演的动作、表情、神态要求会高一些，家长和幼儿需要深入分析理解剧本和人物，抓住剧本中的中心事件展开，同时要把握戏剧角色间的主要矛盾。只有抓住了剧情中的矛盾冲突才能推动表演，让戏剧活动自然过渡发展。

### 戏剧活动："我的幸运一天"片段

角色：（妈妈）狐狸、（幼儿）猪、（爷爷、奶奶）小水桶、大木桶。

创设场景：（阳台）小树林、（厨房）厨房、（客厅）浴室。

旁白：狐狸为了能吃到美味的烤猪，开始忙碌起来。

狐狸飞快地到小树林捡起树枝（衣架），又迅速抱起树枝回到厨房生火。狐狸鼓鼓腮帮子吹气生火。生好火的狐狸提起小水桶（爷爷、奶奶）去打水。

旁白：哎呀，水太重了，狐狸有点吃力呢……

装满水的水桶太重了（爷爷奶奶身子往下压），狐狸抓紧水桶，露出很吃力的表情。累得直喘气的狐狸把呆坐在一旁的小猪拎到装满水的大木桶里（爷爷奶奶马上用手拉手的方式变成装满水的大木桶，并用蹲与站来表示水位的高度），拿出香皂和洗发水给小猪身上涂满泡泡，并拿出刷子给小猪洗澡、按摩，上刷、下刷……木桶里全是泡泡，狐狸忙得团团转。小猪坐在大木桶里面带微笑，一副很享受的表情，还不停地用手示意狐狸帮他搓背、搓脚……

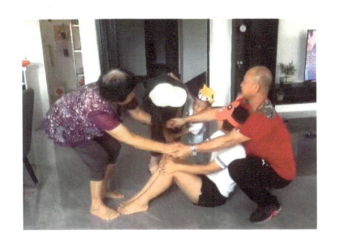

图5-19 "我的幸运一天"表演剧照

#### 4. 以组合形式开展

以组合形式开展亲子戏剧活动是通过旁白或将戏剧分成若干幕的方式把语言、音乐、舞蹈等多种表演方式串联起来，进行组合，形成完整的表演。例如，在进行绘本亲子剧《牙齿大街的新鲜事》表演的过程中，可以有亲子之间关于角色的对话，可以搭配适合的音乐丰富表演，也可以跟随音乐的节奏进行与剧情相关的律动或舞蹈表演。

在组合形式的亲子戏剧活动中，戏剧策略的运用也是多种多样的。比如，幼儿如果表现不出害怕、惶恐的表情，家长可以先和幼儿玩"表情变变变"的游戏，帮助幼儿进入角色，让幼儿更深刻地体会角色情绪、情感的表现。同时家长也可以以"照镜子"的方法帮幼儿理解角色表情的转换：家长做镜面，请幼儿做照镜子的人，家长做表情，请幼儿模仿。

**戏剧活动："小兔乖乖"片段**

**第一幕：兔妈妈和小兔宝宝**

以旁白揭开剧情：美好的一天，小兔宝宝在家（客厅）帮妈妈插花。

兔妈妈：今天的天气真好，妈妈一会儿要去采蘑菇，你要好好看家，别让陌生人进来！

小兔宝宝：妈妈，我长大了，我会照顾好自己的。

第二幕：智斗大灰狼

旁白：一只大灰狼看到兔妈妈离开了家，露出了开心期待的表情……

大灰狼从大树（电风扇）后面偷偷地来到小兔宝宝的家。伸出一只手敲门，并学着兔妈妈的嗓音唱起了敲门歌："小兔子乖乖，把门儿开开。"

兔宝宝走到门边问："你是谁？"大灰狼说："我是你妈妈呀，我的女儿。"兔宝宝说："不！你不是！我妈妈头上有个用丝带做的粉色蝴蝶结。"大灰狼马上从自己的背包里拿出粉色的蝴蝶结戴在头上，通过门缝让兔宝宝看。

兔宝宝从门缝一看，说："你不是我妈妈，我妈妈会跳踢踏舞。"大灰狼接着说："我会跳舞啊，看，我的踢踏舞跳起来了！"（播放音乐，大灰狼跳起了热情的踢踏舞……）

兔宝宝从门缝看，然后大叫一声，并表现出害怕又惶恐的样子说："你不是我妈妈，我妈妈的腿上没有那么多的毛！"这下，大灰狼有点着急了，气得直跺脚！决定回家再装扮一下，骗兔宝宝开门……

图5-20　"小兔乖乖"表演剧照

## 三、亲子戏剧的指导策略

回顾引导我园幼儿家长开展亲子戏剧游戏的历程，其实一开始家长对戏剧演绎是抵触、迷茫的，有的不好意思，觉得意义不大；有的想玩，却不知如何下手。随着家园联系的深入，幼儿在班级戏剧活动中的投入越来越多，越来越多的家长从旁观者逐渐变成了参与者，教师也梳理了一些策略方法来引导家长，推进亲子戏剧在家庭中的开展。

### （一）帮助家长明确戏剧开展的基本流程

亲子戏剧活动包括两种：一种是随时随地、即兴而发；另一种是亲子共商共演，带有一定的计划性与目的性。

即兴而发的亲子戏剧活动是什么样的？在一个晚餐后的夜晚，吉文全家人一起外出散步。途中，三岁的吉文突然说："我们一起玩奥特曼的游戏吧！"他先是指着妈妈说："妈妈，你是女的，你是奥特之母。"随即，他做出奥特曼最经典的战斗姿态，同时大叫："我是赛文奥特曼！变身……"于是，妈妈就和幼儿演了起来。这就是一个随时随地、即兴而发的亲子戏剧活动。

#### 1. 共话表演内容

选择表演内容是亲子戏剧活动开展的前提。亲子戏剧活动秉持幼儿主动参与的原则，以幼儿多元发展为诉求，既要符合幼儿的心理特点，又要尊重幼儿的兴趣与选择权，但不能忽略家长的参与。因此，亲子戏剧活动表演的内容应该是家长与幼儿共同商量而定的。亲子戏剧活动的来源可以是多种多样的，如绘本故事、生活事件、动画片等。

#### 2. 共商表演准备

家长与幼儿商量好表演内容后需要进一步讨论、商量亲子戏剧活动开展的时间、空间，所需要的表演材料以及角色分配等前期准备工作。

#### 3. 共演表演主题

在尊重幼儿兴趣、想法的前提下，按照既定的戏剧活动主题进行表演。因为没有固定的剧本，家长要允许幼儿的天马行空。

### 4. 共同记录表征

记录不仅可以保存温馨的亲子时光，还可以提升幼儿的游戏经验，促进幼儿多元发展。在亲子戏剧表演结束后，家长可以与幼儿采用口头表达、文字记录、绘画表征等多种形式记录亲子表演中的表现和感受，小结收获与不足。

家长与幼儿共同商讨戏剧主题、共同准备表演情境，是亲子戏剧活动的重点。家长需要根据幼儿的情绪和兴趣适当加入"共同记录表征"。需要注意的是，不能将"记录"变成幼儿必须完成的"作业"，否则戏剧游戏变成了幼儿的负担，使幼儿失去了自主游戏的乐趣。

此外，家庭亲子戏剧主题与幼儿园戏剧课程主题相呼应更有利于戏剧活动的开展。家庭中的戏剧游戏是幼儿园戏剧课程的铺垫、拓展或延伸，家庭与幼儿园共同丰富幼儿的戏剧经验，协同促进幼儿各项能力的发展。首先，班级戏剧主题课程要获得家长的认可，通过选题讨论、绘本阅读、材料支持、家庭调查等方式邀请家长参与到幼儿园戏剧课程中，实现家园课程共建；其次，将戏剧主题融入家庭亲子戏剧活动，唤醒幼儿在幼儿园的戏剧经验；最后，在开展亲子戏剧活动后，家长将遇到的问题及时反馈给教师，双方共商共生，共同推进新的戏剧游戏或课程。

## （二）提升亲子戏剧的基本理念

### 1. 开展调查，了解家长对戏剧教育的认知

教师首先要通过调查了解家长在亲子教育中的需求，这样可以更好地以戏剧为切入点开展家长培训工作。

### 2. 开设体验式戏剧工作坊

邀请家长全程参与体验式戏剧活动，让家长在参与体验中感受戏剧的价值与魅力，赢得家长的认可与支持。

### 3. 转变观念，制订戏剧课程计划

通过家长讲座、体验式工作坊、观摩戏剧课程等多种渠道转变家长的教育观、儿童观，让家长认识到戏剧不是难以接触的高雅艺术，在家就能和幼儿参与并享受其中。这不仅保护了幼儿的灵性，也让家长释放了压力，让他们重新回归童年，找到自己。

### （三）帮助家长明确亲子戏剧的教育价值

#### 1. 亲子戏剧的基本理念

幼儿天生是演员、剧作家和导演的集合体，他们总是乐此不疲地在戏剧游戏中演绎他们想演的"故事"，并在假装扮演的过程中获得愉悦感。因此，将选择权交给幼儿，将真游戏还给幼儿，给予幼儿充分的尊重与自由，这种理念应贯串亲子戏剧活动的始终。

#### 2. 引导家长明确亲子戏剧的教育价值

在亲子阅读的时光里，家长可以和幼儿一起熟悉剧本，共同理解剧本的大致情节、角色安排、角色特征以及角色语言等。在这个过程中，家长进一步了解幼儿的现有理解水平，有目的、有方向地引导幼儿全面理解故事内容和人物语言等。家长也可以和幼儿分角色饰演故事中人物，鼓励幼儿自主选择扮演喜欢的角色，引导幼儿用形象的肢体动作、语言、神情等表现角色的言语、情绪、心理特征等。家长还可以在家和幼儿一起制作表演所需的服装、道具，在剪、贴、画、折的过程中，锻炼幼儿的专注力、艺术审美能力及动手能力，促进亲子的良性沟通、亲子感情的升温、温馨家庭氛围的营造等。

### （四）亲子戏剧中教师的作用

教师要立足于幼儿的兴趣及需求，及时关注亲子戏剧活动中的问题，将其与幼儿园的戏剧课程结合起来。教师要充分发挥组织者、指导者的作用，帮助家长和幼儿积累戏剧经验，激发他们参与亲子戏剧活动的兴趣。

## 四、亲子戏剧活动的拓展和延伸

教师不但要抓住亲子戏剧的教育目的，引导家长主动健全教育观念，还要对亲子戏剧活动进行延伸，改善幼儿的成长环境，让家长成为戏剧活动中的参与者和合作者。教师可以将家庭亲子戏剧延伸到园内活动、亲子阅读以及社区活动中去。在亲子戏剧的延伸过程中，教师不仅要做好观察、记录，更要反思、发现问题，以促进家庭亲子戏剧活动更好地开展。

### （一）园内亲子戏剧表演

为了让家长能够体会亲子戏剧的娱乐性、合作性、创造性，鼓励家长在活动中互相学习，增进家庭成员间的感情，促进幼儿交往能力的提升，幼儿园可以不定期开展大大小小的亲子戏剧表演活动。例如，在"野兽国"的亲子戏剧活动中，麦克斯遇见野兽后的剧情是怎么样的？每组家庭可以通过视频、图片分享各自的剧情演绎。为此，教师还特别在幼儿园亲子运动会的入场式中设计了"野兽狂欢会"的主题，进一步呼应亲子戏剧游戏，这不但激发了家长的创作兴趣和表演兴趣，也增进了家长和幼儿的感情，同时让家长通过亲子戏剧表演了解了幼儿园教育教学的多样性。

图5-21　幼儿园运动会开幕式中亲子戏剧表演剧照

### （二）疫情期间的亲子绘本故事表演

2019年年底，一场突如其来的疫情打乱了人们的生活节奏。面对持续蔓延的疫情，大家居家不能外出，自觉自我"隔离"。幼儿们不能外出，不能上幼儿园，甚至不能下楼，每天只能与自己的家人待在家里。时间漫长无聊，不少家长表示"崩溃"了，在班级群吐槽，都在盼望着疫情快点过去，幼儿尽快复学。

为了让居家"隔离"的家长与幼儿也能过得像在幼儿园一样快乐，一起做有意义的事情，共同度过一个漫长的假期，幼儿园开展了一系列的"隔空"亲子戏剧游戏活动，其中，绘本戏剧亲子表演活动成了一道亮丽的风景线。我们鼓励家长在居家期间与幼儿用绘本作为戏剧活动的主要内容，让家长和幼儿通过戏剧表演来引发思考。

附：

#### "宅家共阅绘本，乐享亲子表演"倡议书

亲爱的家长朋友们，

在新冠疫情特殊时期，

您是否为孩子的假期烦恼？

是否在单调的宅家生活中，

希望孩子们能收获简单快乐，放松自在？

是否期待有一种力量能够超越知识、技能，

给予孩子成长的空间？

现在，这些都不是问题，

相信在绘本戏剧亲子表演活动中，

您和孩子会有意外的收获！

中山火炬开发区第一幼儿园

2020年2月18日

亲子戏剧故事案例如下。

（1）大班戏剧活动"白衣天使战'疫'记"。

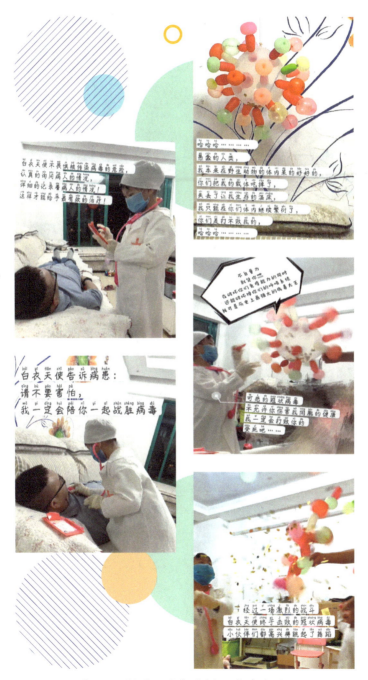

图5-22　"白衣天使战'疫'记"表演剧照

（2）小班戏剧活动"小猪变形记"。

小猪在家觉得很无聊，它决定到外边看看有什么好玩的。

它踩着自行车到外面逛着。突然，它好像看见了什么。

原来是一只长颈鹿在吃树叶，小猪想，如果我有长长的脖子就好了。

小猪回家做了一对高跷，还走出家门玩了。

可是，小猪不一会儿就摔跤了，疼得哇哇大叫。

小猪走到树下，看见了小鸟。心想，如果自己能飞就好了。

小猪回家马上做了一双翅膀，走到外面练习飞的本领。

小猪飞不起来，它很不高兴。这时，在不远处的泥坑里传来一个声音："小猪，快出来玩啊！"小猪过去后玩得可开心了，小猪终于明白，做自己才是最快乐的。

图5-23　"小猪变形记"表演剧照

## （三）社区亲子展演活动

戏剧教育的另一种展现形式是舞台演出。在家庭亲子戏剧活动的开展过程中，教师不但要支持家庭亲子戏剧活动，还要积极为家长和幼儿创设亲子表演的舞台，持续激发幼儿及家长对戏剧活动的兴趣，让他们获得成就感。

例如，幼儿与家长充分发挥自己的智慧与才能，将创编的舞台剧"舞林大会"搬上了社区活动的舞台，呈现了一台极富创意的戏剧表演，赢得了领导和观众的一致好评。

图5-24　社区活动中的亲子表演

## 五、亲子戏剧活动评价

表5-1　一幼亲子戏剧活动评价表

| 项目 | 评价 | 简单描述 |
| --- | --- | --- |
| 1.活动是否来源于日常生活、绘本、电视节目或幼儿园教学活动等？ | | |
| 2.发起人是幼儿还是家长？ | | |
| 3.是否符合幼儿的年龄特点？ | | |
| 4.在理解和思考角色的基础上，幼儿能否运用肢体与表情、言语与声音进行角色塑造与情节创作？ | | |
| 5.幼儿能否坚持自己所扮演的角色并体验和表现角色的情感？ | | |
| 6.幼儿能否根据需要进行角色装扮，能否运用音乐、音效烘托氛围？ | | |
| 7.家长的参与度与支持如何？ | | |

# 第六章

## 教师儿童剧团

在幼儿园多功能厅里,一幼教师儿童剧团的公演就要开始了。随着舞台幕布的拉开,一张雪白的纸展现在观众的眼前。居然只是一张大白纸?好奇怪的舞台背景呀!为什么舞台背景是这样的?这里会发生什么呢?幼儿们坐在台下,伸着脑袋,个个脸上都洋溢着兴奋的神情。突然,"嘶"的一声,大白纸的正中间被划开,从中钻出一个身着白衣的怪物,幼儿们顿时发出"啊"的声音,大声叫道:"怪兽来啦!怪兽来啦!"……

## 一、教师儿童剧团创立的背景

随着我国教育事业的不断发展,社会各界对儿童教育的关注度大大提高,进而开始从多角度促进儿童发展。其中,儿童剧以其教育性、趣味性、启发性、游戏性等特性在一定程度上填补了教育中缺少的重要手段和形式,有力地促进了幼儿多元能力的发展。

2015年,幼儿园的戏剧课题研究还在起步阶段,由于教师观念尚不成熟,戏剧教育课程实践经验不足,幼儿的戏剧学习主要表现为舞台剧的排演。面对这样的瓶颈,我们决定走出去,开阔教育眼界,寻找戏剧教育不同的呈现形式,充分感受多样的戏剧教育文化。在专家的引荐下,我们认识了台湾高雄市儿童艺术教育节艺术总监、九歌儿童剧团创意暨营运顾问朱曙明老师。朱曙明老师专注于儿童剧的研究,以偶剧见长。恰巧在这个时候,朱曙明老师的人偶剧《雪后》正在深圳的小剧场里演出。一幼的教师一同去欣赏剧演。观看完演出,教师异常激动地说:"原来儿童剧可以这样演,如果我们的幼儿也能看到这么精彩的戏剧该多好啊!"有教师提议:"我们回去也可以给孩子演演,也许并不难。"

的确,过去在我们幼儿园的戏剧课程中,仅仅是幼儿参与表演,实际上教师也可以演一演啊!教师开展戏剧表演不仅能更深入地观察戏剧表演过程中幼儿的身心变化,换位理解幼儿的需求,还能锻炼和发展自身综合素质。对于幼儿而言,他们不仅仅是学习者,也有机会成为欣赏者。成人表演的儿童剧能更好地为幼儿服务;教师表演的儿童剧能更好地与幼儿共情,更生动有效地回应和满足幼儿的需求。于是，成立一幼教师儿童剧团的想法生根发芽了。

朱曙明老师的剧演激发了教师们想"演"的心。带着跃跃欲试的心情，我园的教师剧团有了雏形。为了给我园的幼儿带来符合其年龄特点和身心需要的剧目，幼儿园将儿童剧团定位为戏剧课程延伸出来的一只长臂，将儿童剧表演的目标定为：幼儿能接受、能享受、能思考，引领幼儿畅游美妙的戏剧世界，点燃每一个幼儿的戏剧智慧和梦想，启动和保护幼儿无穷无尽的想象力与创造力，让幼儿建立积极向上的人生态度面对生活。

## 二、教师儿童剧团的理念基础与价值追求

### （一）教师儿童剧团的理念基础

儿童剧从广义上来说有两种：一种是由儿童演出的剧目；另一种是专门供儿童欣赏的剧目，演出和创作均由成人完成。我园的教师儿童剧团的表演属于后者。教师承担了整个剧演的选材、创作、制作、表演等工作。从剧的诞生角度来说，教师是主体，但最终的落脚点是回归到幼儿的发展上来。

如何在剧演中实现这个"回归"呢？首先是我们要有正确的理念向导，其次是落实到实践中来。

我园的教师儿童剧团以《3—6岁儿童学习与发展指南》为指导纲要，一直秉持"用文化艺术启迪孩子智慧、开发孩子潜质"的理念，以幼儿发展为本，通过戏剧的表现手法展现幼儿的现实生活。幼儿想象的世界能够对幼儿起到至关重要的引导作用。戏剧在丰富了幼儿日常生活的同时让其在戏剧表演中感受能量，促进幼儿创造性发展。

在实践方面，教师努力尝试让幼儿不只是观剧者，而是要参与到剧团活动中来。例如，在道具的制作方面，以前主要是教师作为主导者，组织幼儿一起制作道具。教师会先把大的道具框架呈现出来，然后让幼儿去添加一些小装饰。而现在，教师不再是主导者，在制作道具前会与幼儿一起讨论需要哪些道具、用什么材料制作、哪些道具可以利用生活上的小物件代替、哪些物件需要利用手工制作的方式完成等。教师的介入只是以支持者的身份，制作道具所要

完成的工序是幼儿的课程，把时间、空间、自由、话语权都还给了幼儿，让幼儿成为剧团表演中真正的主人。

### （二）教师儿童剧团的价值追求

我园儿童剧团成立于2015年年底，融艺术、游乐、综艺为一体，剧团成员主要以青年教师为主。剧团教师秉承"用文化艺术启迪孩子智慧、开发孩子潜质"的理念，基于幼儿园戏剧特色园本课程，用童趣、想象力和爱创作出一部部作品。

教师儿童剧团的成立顺应了我园戏剧教育研究的需要，是幼儿园戏剧课程的补充与完善，让园本戏剧课程体系更加丰富多元。

从教师发展的角度来看，教师儿童剧团是教师戏剧素养快速成长的一个途径，为教师提供了一个全面发展的舞台。此前，幼儿园绝大部分教师没有受过专业的戏剧表演培训。幼儿园要开设戏剧教育课程，如果教师具备一定的戏剧表演技能，在戏剧课程活动中能更好地引导幼儿感受、欣赏和表达戏剧。

《3—6岁儿童学习与发展指南》中提出：艺术是幼儿感性地把握世界的一种方式，是表达对世界认知的另一种"语言"。幼儿在欣赏儿童剧团表演时，对舞台表演艺术有了更直观的感受与体验；幼儿从教师的专业表演中获取更多关于戏剧表演的"养料"，提高了艺术鉴赏力和审美能力；同时，借助剧情的发展与表演技巧，幼儿可以进行情绪情感的表达与宣泄，促进身心健康。

## 三、教师儿童剧团的发展历程

自2013年开展戏剧教育以来，我园从多角度、多领域推进幼儿园的戏剧教育课程，儿童剧团也应运而生。剧团的第一部剧是偶剧《白雪公主》。剧团初创时期，由于剧团上下对儿童剧缺乏相关经验，戏剧表演形式表演比较单一。恰好有剧团教师参加过朱曙明老师的偶剧工作坊培训，因此，剧团选择了从偶剧入手，通过设立幼儿园教师美工工作坊带领教师动手制作人偶，通过偶剧的表演形式为幼儿传递快乐。

偶剧《白雪公主》的演出开启了教师不断探索和反思儿童戏剧欣赏路径

的研究。教师发现，偶剧再现了经典故事内容，贴近幼儿的认知，贴合幼儿的兴趣，而且教师演给幼儿看的行为极大地激发了幼儿的兴趣和热情。但由于教师的经验积累不足和技术不成熟，表演过程缺乏与幼儿的互动，场面热闹，但未能带给幼儿更多的启发。通过反思，教师提出：本剧缺乏教育内涵，仅仅是故事剧情的呈现，与幼儿园五大领域以及幼儿发展结合不够。于是我们重整旗鼓，开展了第二部剧目的创作。

图6-1　《白雪公主》剧照

当时，广东省正值深秋时节，风起叶落，班级里正在开展与秋天相关的主题课程。大自然的科学奥秘给了教师很大的启发，教师决定以科学领域为突破口，尝试创作以科普元素为主的剧目。于是，《风趣》就诞生了。

在《风趣》这部戏剧中，演员教师展示了不同种类"风"的作用与力量，演绎了风吹风车、风吹泡泡、风吹风筝等欢快的场景，让幼儿们真真切切地看到了风的流动，聆听风的细语，感受风的存在，体会风的顽皮。而狂风飓风也能吹倒大树，吹残建筑，引发灾害，以此引导幼儿感受人与自然的关系，渗透了科学领域知识。教师在创作剧目的过程中会注重思考戏剧对幼儿的教育性，不再一味地照搬模仿、单向地表演输出。在戏剧表演过程中，演员教师与台下幼儿的互动有所增加，甚至让幼儿直接参与其中，亲身体验风的作用和力量。

图6-2 《风趣》剧照

　　《风趣》剧演结束之后，教师对剧团的发展有了更深的思考，希望演出的剧目含有教育意义，贴近幼儿的生活，能够带给幼儿更多的思考。在之后的剧目选材中，教师自觉从生活出发，利用生活中随处可见的物品或材料创作出适宜幼儿年龄特点、具有想象力和教育意义的作品。在《"纸"不住的疯狂》《会讲故事的塑料袋》《想学飞的小象》等戏剧中，纸、塑料袋、扫帚、拖桶等生活中常见的材料成为主角。这些剧目聚焦科学与社会领域，旨在引发幼儿对自然科学、环保意识的思考。同时，这些都是物件剧，教师能够很好地驾驭，哪怕教师不是一名专业的演员，借助这些物件也能呈现给幼儿精彩的演出。

图6-3　《"纸"不住的疯狂》剧照

图6-4 《会讲故事的塑料袋》剧照

图6-5 《想学飞的小象》剧照

　　物件剧的成功表演及幼儿们热情的"追捧"，使教师获得了表演的成就感与建设教师剧团的价值感。教师带着越来越丰富的经验及一切为了幼儿的内驱力开展了主动与大胆的创作革新。比如，在《线》《野兽国》等剧目中，教师大胆尝试了人与物的融合表演，同时剧情的核心内涵也转向了情感教育。为什么剧目的核心内涵会有如此转变呢？随着幼儿园戏剧教育课题的深入开展，教师们的戏剧观、戏剧教育观在不断深化发展，教师感受到戏剧演出不仅仅是传递知识的手段，还应该回到戏剧教育的初心，通过戏剧发展使幼儿的情绪、情感产生变化，以适宜幼儿成长的方式滋养幼儿的童年，为幼儿的终身发展奠定基础。因此，情绪情感命题下的剧目成为教师剧团创作的首要追求。

　　在《线》这场剧演中，一根线牵出了父女深情。剧中，演员教师用一根在生活中司空见惯的线充满想象力地演绎出了大象、蛇等动物形象，带幼儿进入了一个充满想象力的空间。《野兽国》则在人与物的融合下利用光影的效果，使得剧演元素更丰富、更多元。特别的剧演效果，生动还原了《野兽国》绘本故事的内容，带领小观众们亲历了一次顽皮幼儿与母亲和解的成长历程。

　　回望这一个过程，伴随着教师剧团多年发展，教师无论是对表演内容还是对表演的呈现形式都在不断地尝试与突破。

## 四、教师儿童剧团的实施策略

### （一）如何成团

教师集体看完朱曙明老师的《雪后》剧演之后，回到幼儿园分享了他们的观剧心得，并表达了自己也想表演儿童剧的想法，号召有意向的教师加入演出的团队。很多教师备受鼓舞，纷纷自主报名加入。报名的教师当中大部分都是青年教师。他们充满青春活力，想象天马行空。仔细分析起来，这些青年教师在美术、音乐、体育等方面各有所长，对戏剧表演有着自发的学习动力。他们身上这些特质恰恰是教师儿童剧团所需要的。于是，一群满怀戏剧教育热情，又各有特长的教师汇聚在一起，组成了我园首个教师儿童剧团。

综合来看，好的剧团和成员要具备三项条件：一是理念，二是兴趣，三是特长。

成立教师儿童剧团之前，教师通过戏剧教育课题研究建立了幼儿戏剧教育理念，通过多次外出观影活动对儿童剧有了更直观的认识。这些戏剧教育理论的前期铺垫、正向价值观的引领确保了教师剧团在成立之初就树立了正确的方向。正是有了这样的信念，剧团成员们才有了行动的内驱力。

幼儿园并不希望教师儿童剧团成为教师的负担，明确不走以往幼儿园教师排演观赏性节目的老路，而是从教师的兴趣及对戏剧教育的自我发展需求出发，吸引教师自愿参与戏剧创作。为什么我们的剧团如此强调兴趣点、自觉性呢？幼儿园工作的性质决定了幼儿教师需要时刻关注班级教育与儿童发展，各种保教工作细碎、繁多，而开展剧团的工作必定会占用教师的休息时间，只有从兴趣出发，基于内在需要的参与才能让剧团成员更踏实地创作，也才能让队伍更有凝聚力。

教师剧团成员是一群并不专业的演员，但个个都想追求"儿童教育"专业的事业。成团初期，我们没有专业的导演、剧作者、演员、道具组、音效组……如何为幼儿呈现一部佳作呢？有特长的教师发挥自身的优势，既能在教学工作以外的场地实现自己的价值，又能节约培训时间及培训成本，在最短的时间内实现演出效果的最大化。当然，对于特长的认定不能狭隘地限定为舞蹈、音乐特长，一个剧团的运作需要方方面面的协同，因此要看到教师不同的闪光点、潜在能力。杨老师虽然五音不全，但是脑袋里常有奇思妙想；吴老师虽然普通话不标准，但是身手敏捷，善于用肢体语言表达故事；刘老师虽然虽然，看起来并不突出，但是心灵手巧，道具制作得又快又好……如同幼儿园倡导的多元戏剧课程一般，一幼的戏剧教育面对全体幼儿，旨在发展幼儿的完整性。我们也希望通过剧团带动一批人、加入一批人、发展一批人。

### （二）如何架构

在开展剧团工作时，无论在规划上、流程上，还是在分工上、推进上，都是摸着石头过河，我们亟待建立清晰的工作指引与人员架构。

在第一部偶剧《白雪公主》的筹备之初，团长拿着《白雪公主》的故事框架召集团员进行一次次的会议商讨。从表演内容、呈现情节到适当改编、台词磨合等，团员们各抒己见、争论不休。团员们的讨论成果最终变成了一份份会议纪要，但是最后要实际排练、演出时，团员们却发现这些会议纪要毫无用处！剧团需要擅长文案的教师根据这些会议纪要撰写出适宜的剧本。有了剧本才有了完整的故事情节、各种角色、场景变化、台词对话、音效烘托……在有了剧本的基础上，大家根据剧团成员的特长、表现张力、外在形象等条件遴选各种角色。接下来，教师需要制作白雪公主和七个小矮人的纸浆偶，还要准备森林、房子等场景、道具，另外还要根据剧情的需要制作音效、配音等。这样一来，剧团人员分工架构就出来了。

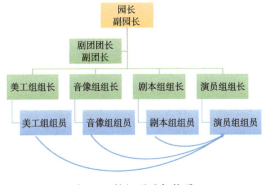

图6-6　教师剧团架构图

（架构图备注：音像组、美工组及剧本组的组员在表演的时候皆可成为演员）

随着一部部的剧演完成，团员们为了更加规范教师剧团工作流程，明晰各人员、各部门的职责与分工，总结出了更具体的岗位职责。

### 1. 团长职责

（1）总体负责教师儿童剧团日常工作的管理，制订学期剧团发展目标和方案，统筹剧团各部门的工作。

（2）全面把握和审核各项开支，严格执行财务制度，落实成本核算。

（3）负责统筹剧团相关人员进行研讨、排练活动，对每次活动的质量把关。

### 2. 音像组职责

（1）能根据表演剧目的需求收集、创作相关素材。

（2）能完成儿童剧团表演后期的影像、图片等制作。

（3）熟练掌握音效素材库的使用，可设计、制作音效。

### 3. 美工组职责

（1）根据儿童剧团表演剧目的需要设计布景、灯光、服装、效果等。

（2）掌握各种材料特质，制作剧场需要的道具，演出时配合搬运道具。

（3）负责整理道具室，保证表演区域的整洁及道具摆放顺序。

（4）协助剧团各组人员完成道具等材料的维护及资产管理。

### 4. 剧本组职责

（1）负责筛选优秀的表演素材，发现及挖掘适合儿童剧团的作品。

（2）负责对剧本进行记录、编写及修改。

（3）参与儿童剧剧目的开发及剧本策划。

（4）负责对每次培训排练活动的文案记录。

### 5. 演员组职责

（1）根据剧团工作要求积极主动参与剧目的排练及表演工作。

（2）有自我提升的意识，自主学习，提升表演技能。

（3）参加排练、表演不迟到、不早退、不无故缺席。

## （三）如何选材

剧团从2015年开始表演各色各样题材的儿童剧：有经典童话故事再演的，也有改编绘本故事的，更有取材生活元素进行原创的……选材丰富、涉及面广。选材是创作好剧目必不可少的重要环节之一。选到好的、符合幼儿观赏的，又符合当下幼儿园园情的题材、元素，能为撰写演出剧本提供很好的支架、载体。

经典童话故事或者绘本故事是儿童剧的首选，这是教师和幼儿常常接触的题材，其中有非常多适宜幼儿观赏的成熟作品。此外，经典儿童影视作品、英雄人物事迹、中国传统文化故事、中国经典文学名著都是很好的切入点。尤其是在信息化时代的冲击下，对优秀传统文化的传承教育需要我们着重思考。由此，剧团决定打开选材、选剧的思路，不局限于经典童话故事或者绘本，而是追求题材丰富化、多元化，以带给幼儿更多的启发与教育意义。

### 1. 童话题材

儿童剧剧本中，绝大部分内容选取的是童话故事。童话故事是整个儿童时期陪伴幼儿最久的故事题材了。一些著名的童话故事如《小王子》《木偶奇遇记》《白雪公主》《美人鱼》等，内容十分吸引幼儿。在改编儿童童话剧剧本的过程中，需要根据童话故事的内容将部分结尾或者人物的设置进行合理的编排，引导幼儿正确理解童话故事。对童话故事的改编，无论是赋予其一定的教育意义，还是将其不完美的结局改编为完美的结局，都满足了人们对美好的期待，都能够极大地满足幼儿的审美情趣。改编不仅要让故事的主题更清晰，还要顺应幼儿的身心特点，最好能够让幼儿融入或参与到创作之中。

### 2. 现实生活创作

儿童剧并不局限于年龄偏小的幼儿，对于已经入学、有一定知识和经验积累的幼儿来说，耳熟能详的童话故事已经无法满足他们的想象力。因此，取材于现实生活，表现生活趣事、问题的故事会受到幼儿的欢迎。

### 3. 老剧新编

老剧新编是对原有的剧目题材进行全新的改编，使其能够给幼儿和观众带来全新的感受，不拘泥于原有的儿童剧模式。老剧新编，看点多多。改编的老

剧通常是百年经典的老剧，而这些老剧都具有一定的影响力。无论是改编故事的情节，还是改编人物的形象，抑或是改编演出的表演形式，都可以重新诠释整个剧目。与此同时，赋予老剧新的意义、人物形象及新的主题，能让更多的幼儿从新的剧目中感受这些百年老剧的独特魅力，也丰富了儿童剧的意义。

### 4. 英雄人物事迹

将英雄人物的事迹改编为儿童剧，能够让幼儿通过儿童剧这样的演出形式了解英雄的故事以及英雄生活的不易，从而起到一定的教育意义。

### 5. 热播动画片、电影、漫画

经典热播的动画片、电影以及漫画都在幼儿的心中占据一定的地位，能够带给幼儿无限的快乐和美好的回忆。将这些题材改编成儿童剧，使其能够再次带给幼儿快乐回忆，同时丰富儿童剧的题材。实际上，近年来动画片、影视剧等多种综合形式的快餐文化不断崛起，占据了幼儿部分的娱乐时间。由于时间和精力的限制，幼儿很少能够接触到儿童剧。随着时代的发展，人们生活水平的提高，以及人们对儿童教育的重视，儿童剧与多媒体、电影、电视媒介融合，逐步进入普通大众的生活，成了幼儿精神生活中不可或缺的一部分。将动画片、电影和漫画题材改编成儿童剧能让幼儿身临其境地观看这些经典之作，有助于激发幼儿对戏剧的兴趣，同时有助于促进戏剧的丰富和发展。

动画片、漫画等为全世界的幼儿塑造了众多的卡通人物形象。从20世纪七八十年代著名的经典人物孙悟空、米老鼠、唐老鸭，到现代流行的卡通人物喜羊羊、海绵宝宝、功夫熊猫，幼儿都有自己最爱的动画形象。将这些流行的卡通人物融入儿童剧能够更好地吸引幼儿的关注度，带给幼儿不一样的精神体验。

## （四）如何排练

幼儿教师全天候待命的工作特点导致剧团成员很难利用带班时间组织开展儿童剧排练活动。教师剧团的成员们决定利用午休时间组织排练，不因为排练而影响正常的教学活动。

我们幼儿园有一批年轻、有活力、能歌善舞的教师，但是我们的剧目表演通常只有一个主角，如何安排角色也是我们的一个困惑。所以，刚开始排练的时候，团长会拿着初成的剧本与初定的演员开始试演，希望通过初期的排演了解每个演员的特性，从而选择合适的演员。比如，在《线》这个剧目中，要求女主角要有"小女孩"般的活泼机灵，肢体演绎要生动，能够在舞蹈动作中体现出对"爸爸"无比依恋的情感。剧团会请1～3个演员进行片段试演，邀请园长、骨干教师及幼儿代表前来观看试演，根据观众观看试演的感受和评价评选出最适宜的演员进行正式的演出。当然，戏份较多的角色要选择更有表演张力和表演天赋的教师来扮演，力求最佳的演员演最佳的角色，呈现最佳的剧作。其他角色除了要根据教师的意愿和兴趣之外，还要根据他们本身在剧团其他小组中承担的工作任务量来定。

图6-7　《线》剧照

　　以上是剧团最初确定演员、角色的方式。但是经过多年的演出之后，大家发现一些重要的角色总是集中在一两位教师的身上。教师剧团的历练应该是带动更多教师成长的过程，而不是培养一两个精英演员！由此，大家在剧目的创作上尝试进行突破，从"独角剧"变成了"群像剧"，目的是带动更多年轻教师快速成长。比如，《玩耍吧，纸箱子》这个剧目就呈现了3个故事片段，里面有6个主角，这些主角以各自不同的故事穿插交错，利用纸箱子将变幻莫测的悬疑情节推动下去。而"群像剧"的排练对教师剧团来说是一种挑战，在强调每位教师的特性和表现力的基础上强化了教师之间的合作呼应。在一遍遍的合作打磨过程中，涌现出了一批优秀的主角，让我们树立了剧团不断发展下去的信心。

图6-8 《玩耍吧，纸箱子》剧照

从"精英"主角到多个"主角"的培养，从"独角戏"到"群像剧"的挑战，是我们在排练中总结出来的选人和选剧的策略。此外，排演过程对打磨剧本也很有帮助。撰写剧本最初是由剧团成员研讨出来一个故事梗概，最后由擅长文案工作的文案小组详细撰写。剧本创作很多时候是一个闭门造车的过程，不一定符合实际，因此排演能够让我们找出很多细节上的不足，如及时完善剧本上的矛盾冲突、人物语言、舞台说明及场景布置等。

总结多年的剧团演出经验后可以发现，剧团很多剧都集中在物件剧上，因此，排练最大的益处就是可以让大家了解到剧目所配的道具适不适合演出内容，能不能达到演出的效果。比如，在《"纸"不住的疯狂》剧目中，清洁工与垃圾桶占据了很大的戏份。其中一个情节就是清洁工不断地把垃圾扔进垃圾桶，但是如果垃圾桶太小，清洁工演员表演"扔垃圾"这个滑稽动作总不能出色地完成，所以道具小组根据排练中遇到的问题重新调整制作道具。再如，在《野兽国》剧目中，最初的场景布置是利用普通的卡纸制作的大树、花草等，这些道具经常在演出过程中倒塌，支撑不起来。因此，道具小组及时改用KT板制作，虽然树木、花草硬朗起来了，但是还是不够牢固，教师就用纸皮和竹竿加固，增强演出效果。

图6-9 《野兽国》场景道具制作现场

　　背景音乐及音效在排练前根据剧本和演员的沟通会有多个备选的素材。剧目排练的过程也是筛选更适合的音乐及音效的过程。音乐的长短及音效的剪辑合成也会根据排练中的实际情况进行调整。负责音效的教师也要自学一些音乐编辑软件。整个戏剧的排练过程就是中不断地打磨剧本、演员、场景道具及音乐音效等的过程，最后呈现出一部优秀剧作。

## （五）公演

　　渡过了成团、架构、选材、排练等难关后，公演是成剧的最后一个环节。难道每部剧的呈现都要经历这些环节吗？的确如此。从教师队伍的流动性、成长性的角度而言，剧目的建构在每一个学期都会有一定的变化，要根据现阶段幼儿园教师队伍的实际情况做适当的调整，有以老带新的情况，也有更换替补的情况，每一次成剧前都需要做一次剧团架构的梳理，这有利于优化剧团队伍、明确分工。选剧和排练的环节更是每次成团的必经之路。梳理整个剧目诞生的过程，其实需要经过很多的步骤、环节，酝酿、梳理、反思、调整、排练需要花费很长的时间。因此，教师通常会花费一个学期的课余时间做一个剧。由此，公演的时间一般会安排在元旦晚会、期末散学典礼，或者六一国际儿童节等重要的时间节点上。在重要的时间做重要的事，这也是幼儿园对教师剧团公演的重视。同时，每年到这些重要的时间节点，大家就会不自觉地想起教师剧团，剧团公演成了全园教师与幼儿每个学期的期待和向往。

公演场地的选择极大地影响了剧目演出的效果。一开始幼儿园还在镇中心的老校区，没有专门的演出舞台，在公演《风趣》时只能将大堂的台阶作为临时的舞台。有些剧目不适合在户外场地表演，只能把会议室改造成演播厅。这些演出没有舞台效果，场地容纳的观众也极其有限。场地的问题在搬迁新园时得到了解决。一直以来，政府都很关心学前教育的发展，对园所的发展也很重视。2016年，我园新园筹建完成。借着这个机会，幼儿园新建了专业的多功能演播厅供剧团排练和演出使用。在多功能演播厅建成后，多部剧都在那里公演，呈现出了很好的效果。比如，《野兽国》是一部光影剧，对演出环境有很高的要求，必须有高质量的灯光、音响才能凸显演出的效果。多功能演播厅成了教师剧团向多元剧目发展的重要保障。

图6-10　《野兽国》剧照

教师剧团不仅得到了幼儿园的重视，也成为幼儿、家长、社会的共同期待，因此在演出的时候，大家会努力排除客观上的困难。比如，场地容纳不了

全体幼儿的时候，我们一天会进行三场巡演甚至更多，确保每个班级每名幼儿都能观赏到。在2022年疫情期间，即使面临着不能聚众的困难，剧团也不想放弃展演，希望戏剧展演根植于每一个一幼幼儿的心中。演出可能会迟到，可能会变化形式，但是从不会缺席每一个一幼幼儿的成长。因此，在疫情期间，我们通过网上直播的方式将戏剧传递给每一个班级、每一名幼儿。由此，疫情也让剧团创新了公演形式，拓宽了如何提升公演影响力的方法，也让大家反思这些年教师剧团展演的得失。例如，过去教师一直都是在内部自娱自乐，只面向园内幼儿，面向本园教师，很少对外公演。现代化信息技术是一个很好的手段，每一个人都可以通过自媒体展示自己，通过这个手段可以更好地宣传教师剧团，增强公演的影响力。

## 五、剧团建设的原则与反思

剧团一直本着为课程服务、发展儿童的宗旨，结合家庭及社区的力量，在提升教师戏剧专业能力、为幼儿园打造一支强大的戏剧教育队伍方面不懈地努力着。

### （一）以课程为导向

儿童剧团的剧目要结合课程需要，为课程服务，让儿童在欣赏教师为他们表演的儿童剧的同时，感受儿童剧的舞台魅力。例如，光影人偶剧《野兽国》就是根据绘本《野兽国》创作的。儿童剧团的教师参考绘本中的故事进行了剧本的编写、角色的设定、音像道具的制作等。幼儿能在戏剧主题活动中寻找到共鸣。

### （二）以儿童需要为本

儿童是幼儿园教育的根本出发点和归属。过去幼儿园强调课程的知识灌输，在幼儿综合素质发展和提升上略显不足。儿童剧作为儿童喜闻乐见的艺术形式，可满足儿童身心发展多个方面的需求，非常符合儿童的年龄特点。例如，3～6岁的儿童喜欢模仿，极富创造性，此阶段是语言、动作发展的重要阶段。儿童剧对促进儿童的全面发展，最终实现立体教育目标有着重要意义。教师愈发意识到儿童的心理健康会影响儿童的智力发展等，于是通过《野兽国》光影剧的创作和演出吸引家长与儿童一起观看，让家长在重视儿童身体健康的同时关注儿童的心理成长，引导家长正确对待儿童的情绪宣泄问题。

儿童剧要求通过具体、鲜明的形象与活泼、明快的情节表达严肃的主题，进行美的感染。在美的感染过程中，培养儿童积极、创造的精神，发展他们的意志和想象力，从而锻炼他们的思维能力，唤起他们的求知欲，尽可能使他们正确地认识现实世界，了解个人与周围事物的关系，以巩固其自身的道德感。

剧团的节目内容主要来源于生活，能反应更多的社会现实问题，如社会问题、亲子关系等。儿童剧给家长与儿童一个能各自窥视对方内心世界的平台，继而增进家长与儿童的亲子关系。社会是儿童将来要踏进的一个世界，儿童所有的困惑与发展都与社会息息相关。《3—6岁儿童学习与发展指南》将儿童的学习与发展分为"人际交往"与"社会适应"。儿童剧中大量的情感经验（观摩或表达）对培养儿童健康、向上、积极的人生态度起着引导作用。

### （三）家庭、社区的参与

戏剧教育活动不仅仅是一幼教师的工作，幼儿园还鼓励家长与幼儿一起参与有关戏剧教育活动的内容。幼儿是家庭的未来，家长是支撑幼儿成长的后盾。只有家庭与幼儿园紧密合作才能形成最有效的教育合力。比如，幼儿在戏剧课程活动中，不论是角色扮演还是道具的制作等都需要家长的配合。道具制作是否美观对于幼儿来说并不重要，重要的是幼儿能通过对日常生活的观察发现物体与戏剧的联系。比如，家隆小朋友发现了排污管的软度和伸缩功能，而且管子上有一节一节的圈，很适合当《小猪变形记》中大象的鼻子。然后，家隆通过绘画、剪与贴等方式制作出大象耳朵，用来扮演大象。而这个过程离不开家长的肯定、鼓励和行动的支持。

图6-11　亲子共同制作道具并演绎《小猪变形记》

剧团的成长和发展离不开幼儿家庭和社区的支持。幼儿园创造一切机会让家长陪同幼儿看儿童剧，甚至是全家一起看，体现"最好的爱就是陪伴"的原则。例如，在2020年1月的"慈善万人行"义演中，家长与幼儿一起制作儿童剧团表演的门票，一起宣传儿童剧表演，一起售卖门票，并一起观看儿童剧团的表演。

图6-12 家长与幼儿一起制作儿童剧团表演的门票并进行现场宣传

幼儿园在新生家长会中播放剧团精彩视频与图片，让家长了解本园的特色教育与剧团密不可分的关系，让家长了解到幼儿在剧团中获取的快乐与成长。

2019年9月26日，杨可平老师参加中山市青年教师技能大赛选拔赛，以诙谐剧《我是清洁工》作为才艺表演环节的开场之作，惊艳了全场。杨老师以喜剧化的妆容与造型，幽默有趣的表情、动作向观众传递"每个人都要做好垃圾分类"的道理，赢得了观众的热烈掌声与高度好评。

图6-13 《我是清洁工》剧照

## （四）材料的环保与利用

教师剧团剧目表演中所用到的道具、场景制作大多都是对废旧材料的再利用。例如，《会讲故事的塑料袋》中的偶是利用大小不一的塑料袋制作而成的。

图6-14 《会讲故事的塑料袋》剧照

　　《想学飞的小象》中的偶由日常生活中的清洁用具组装而成，有鸡毛掸子、拖把桶、洗衣机排水管、扫把、垃圾铲、垃圾袋等。幼儿在欣赏这些剧目的同时还感受到了对日常生活用品的别样使用方式，这鼓励幼儿发挥想象力，成为一名天马行空的创造者。

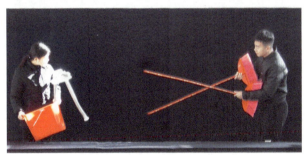

图6-15　《想学飞的小象》剧照

　　光影剧《野兽国》中的道具由纸皮（纸箱）、细长竹竿、KT板制作而成。

图6-16　《野兽国》道具制作现场

# 六、观剧指南

## （一）剧场礼仪

（1）看剧前，幼儿要先上卫生间，看剧的过程中不可以随意走动。

（2）进入剧场后要保持安静，不大声喧哗，不带零食饮料进场。

（3）提前十五分钟进入剧场，听从工作人员的安排有序就座。

（4）观看亲子剧时，家长要把手机调为静音，未经允许不得拍照和录影。

## （二）观剧前小观众的疑问

（1）看儿童剧需要怎么坐呢？

（2）可以带好吃的东西去看剧吗？

（3）看剧的时候，我可以坐在地板上吗？

（4）我能带妹妹一起过来看吗？

（5）看剧的时候，如果我的饮料洒了怎么办？

（6）如果我看剧的时候被其他小朋友挡住了怎么办？

（7）儿童剧要看多长时间？我想上厕所怎么办？

（8）看剧的时候能和好朋友聊天吗？

（9）我要几点进剧场看儿童剧呢？

（10）我能走上舞台去玩吗？

### （三）观剧指南——以《野兽国》为例

（1）《野兽国》观剧指南。

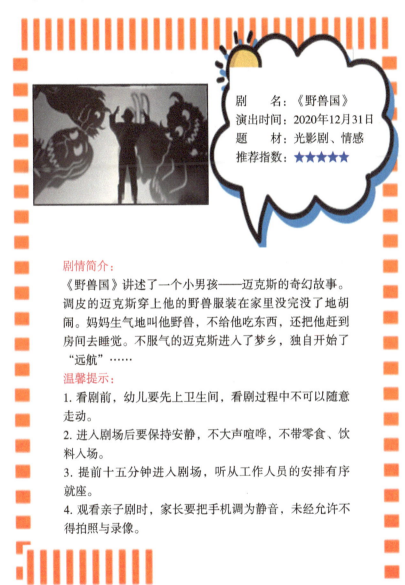

剧　　名：《野兽国》
演出时间：2020年12月31日
题　　材：光影剧、情感
推荐指数：★★★★★

**剧情简介：**
《野兽国》讲述了一个小男孩——迈克斯的奇幻故事。调皮的迈克斯穿上他的野兽服装在家里没完没了地胡闹。妈妈生气地叫他野兽，不给他吃东西，还把他赶到房间去睡觉。不服气的迈克斯进入了梦乡，独自开始了"远航"……

**温馨提示：**
1. 看剧前，幼儿要先上卫生间，看剧过程中不可以随意走动。
2. 进入剧场后要保持安静，不大声喧哗，不带零食、饮料入场。
3. 提前十五分钟进入剧场，听从工作人员的安排有序就座。
4. 观看亲子剧时，家长要把手机调为静音，未经允许不得拍照与录像。

图6-17　《野兽国》宣传内容

（2）幼儿观看儿童剧后的感受。

表6-1　幼儿观看儿童剧《野兽国》后的记录表

我心中的《野兽国》：

佳钰：刚开始人很小，野兽很大，但是人不怕野兽，能做国王，人变大了，好厉害。野兽看起来一点也不可怕，有些看起来像熊，有些看起来像鸟类，最后都听人的话了。但是最后人想家了，还是会回家的。

佳钰妈妈：野兽国住着很多野兽，不时发出可怕的声音，如果一个人能当野兽国的国王就不会被野兽们吃了，还可以统治野兽们！野兽就像人的怒气，当一个人有情绪时，很容易被野兽左右，人只要控制好情绪就能做回自己，就能不伤害自己，不伤害身边爱的人。愿每个人都能做自己的王，管理好自己的情绪，珍惜身边的人

教师的话：佳钰回家画的《野兽国》中的麦克斯与绘本截然不同，她认为麦克斯是一位小魔女，所以怪兽才会听她的话。幼儿观剧的感受都是不一样的，天马行空更能让幼儿发挥想象力。

《野兽国》一剧让台下的家长与幼儿感受别样的儿童剧——光影魅力。麦克斯的梦境让家长与幼儿好好思考自己的位置与任务，增进亲子关系

表6-2　幼儿观看儿童剧《 "纸"不住的疯狂》的记录表

我心中的《 "纸"不住的疯狂》：

佳潼：我觉得那个清洁工不是那么了解垃圾分类。那个红色的垃圾桶是装有害垃圾的，纸巾不是有害垃圾，不合有害垃圾桶的口味，所以它把那些纸巾都吐出来了

教师的话：幼儿能识别垃圾桶上写的 "有害垃圾"字样，而且了解到纸张不属于有害垃圾类。
教师剧团想通过默剧《 "纸"不住的疯狂》让幼儿了解更多的环保信息，知道垃圾是需要分类的，而且要保持环境的整洁

## 七、教师儿童剧团作品评价

表6-3　一幼教师儿童剧团作品评价表

| 项目 | 评价 | 简单描述 |
|---|---|---|
| 1.作品是否取材于幼儿一日生活、电视节目或文学作品等？ | | |
| 2.作品是否符合幼儿的年龄特点？ | | |
| 3.冲突是否明显，是否易于幼儿理解？ | | |
| 4.演员的表现力及道具的选择及应用能力如何，是否能激发幼儿的思考？ | | |
| 5.演员能否根据需要进行角色装扮，能否运用音乐、音效烘托氛围？ | | |
| 6.演员能否与幼儿有效互动，从而促进幼儿的参与？ | | |
| 7.通过想象或标志设计的场景明确吗？ | | |

第七章

基于戏剧课程的教师园本
培训实践

三位教师手拉着手围成一个小圈半蹲着扮演井。小圈里面还蹲着一位教师，这位教师两手放在耳旁，手指张开，并不断向上跳扮演青蛙，嘴巴发出"呱、呱、呱"的声音。圈外一位教师扮演公主，身体前倾，向井里张望，并说道："青蛙，把金球捡上来。"青蛙："我为什么要帮你捡球？"公主："我是公主，把球捡上来，你要什么我都给你。"……正在观看的教师发出阵阵欢笑声。这是我园戏剧教育园本培训"教师戏剧工作坊"现场的一幕。

## 一、基于戏剧的教师园本培训缘起

随着幼儿园戏剧教育课题的开展，开展戏剧教育园本教研培训的工作迫在眉睫。园本教研培训以幼儿园为基础，以幼儿园教育教学中所存在的突出问题和幼儿园发展的实际需要为选题，旨在提高幼儿园教育教学质量，形成办学特色，促进幼儿园教师专业发展及幼儿身心发展的教育研究活动。戏剧教育园本教研培训把戏剧教育作为研究活动的重要选题。

在开展戏剧教育研究、课程实践的过程中，我们面临着以下两个问题：一是更新教师的教育观念的问题，二是掌握适切的戏剧教育方法的问题。

幼儿是戏剧教育的主体，而教师是戏剧教育的关键一环。教师的儿童观、教育价值观决定着教师以什么样的姿态组织游戏，如何想象、观察、回应幼儿的游戏。因此，教师秉持科学的观念、方法是开展戏剧教育的前提。我们在梳理了我园的教师资源之后发现，教师在教育观念上还存在一些问题，教育方法也有待提升。

### （一）教育观念问题

教育观念问题主要体现在教师不能以幼儿为中心。

（1）教师不信任幼儿的学习能力和自我控制能力，担心过于放手会导致活动混乱，甚至出现安全事故等。因此，教师在教育过程当中习惯性地以自己为中心，忽略了幼儿的戏剧需要。虽然幼儿园倡导了很多年以儿童为中心的观念，但教师在实际教育实践中依然习惯于控制幼儿。

（2）以儿童为中心的活动设计需要观察、了解幼儿的需求，这对教师的专业素质提出了更高的要求。教师需要花更多的时间去理解、分析、回应幼儿，这对教师的思考能力、教育机智都提出了挑战，因此，教师更愿意按照惯性去设计封闭的活动或流程，以便掌控幼儿的行为，以便顺利完成教学内容。因此，幼儿园决心打破这个惯性，推动教师走出自我，走出自给自足的舒适区，真正去关心幼儿、了解幼儿、读懂幼儿，但这对幼儿园的教研与管理是巨大的挑战。而戏剧恰恰是开放自己，接纳别人的过程，借助戏剧这一载体，可以推动教师走出自我，看见幼儿的学习。

（3）中国的戏剧教育刚刚起步，教师的戏剧教育理论建构和解读能力还较弱，针对教师的戏剧教育培训体系和机制非常缺乏。这些问题亟待在实际中探讨、摸索和总结。

### （二）教育方法问题

教师对戏剧教育方法的了解不够深入，不能灵活运用戏剧教育的方法策略组织和深入推进幼儿的活动。具体体现在以下三个方面。

（1）教师对戏剧教育方法和技巧的运用不熟悉，不能融会贯通。在中国，戏剧教育在幼儿园的开展是一个比较新的课题，戏剧教育本身强调方法和技巧，可是教师在这方面了解的知识并不多。因为经验不足、理论知识欠缺等原因，教师在戏剧教育方法和技巧的运用上不能融会贯通，在实践过程中遇到很多困难。而这些困难容易导致教师在戏剧课程的开发实践中忙于照本宣科走流程，忽略了幼儿作为主体的真正需求和发展。

（2）教师没有观察和分析幼儿策略的运用，无法有效支持和深入推进幼儿的戏剧活动。观察是教师了解幼儿需求的重要途径，它能帮助教师从发展的角度去了解幼儿的现有水平和发展方向，体察幼儿的心理与情感。虽然教师认识到观察并了解幼儿需求的重要性，但在戏剧游戏中，观察幼儿的什么、如何观察、观察后如何如何分析和支持幼儿的戏剧游戏是教师感到迷茫的问题。

（3）教师对绘本的解读和理解只停留于在表面，不够深入。我园的戏剧课程以绘本作为蓝本，在进行戏剧活动之前，需要教师理解绘本的内容、核心意义等，但教师却缺乏对绘本内容的理解，这体现为教师对绘本的解读停留于表

面，更多地关注文字的故事性，缺少对图画的深度理解与探究，无法深入挖掘绘本作品中图文所表达的内涵。如果教师没有丰富的阅读体验，没有对绘本进行深入、个人化的解读，那么在以绘本作为蓝本进行戏剧活动时将会影响教学活动设计的合理性。如果教师不能根据绘本的教育价值、幼儿的年龄特点制订适宜的、可操作的戏剧活动目标，也将难以对幼儿进行有效的引导。

## 二、基于戏剧的教师园本培训形式与内容

为解决教师的教育观念问题和教育方法问题，我们开展了基于戏剧课程的教师园本培训，重建教师的儿童观和教育观，提升教师戏剧教育的实践能力。

### （一）解决教师的教育观念问题

#### 1. 外出观摩

外出观摩是我园教师感受和学习戏剧教育、开展和推进戏剧教育研究的方法之一。其他幼儿园浓郁的戏剧氛围、幼儿的自信表现、教师开放的教学方法常常会给我园教师留下非常深刻的印象，进而改变自己的教育观和课程观。

通过观摩和研讨，教师发现，在戏剧活动中，幼儿不再是刻板地坐在椅子上上课，而是根据教学需要充分利用空间进行移动，做到动静交替。执教教师参与幼儿的游戏。通过与幼儿的互动，让每一名幼儿都能感受到教师对他们的期望，也能根据教师的期望给予相应的回应。在这个过程中，教师与幼儿的关系非常融洽。教师通过提问让幼儿有了进行头脑风暴、合作扮演等主导课堂的机会，这时的教师只是一名观察者和引导者。

教师发现，通过肢体释放与表演，幼儿成长中积压的情绪得以宣泄，这是对幼儿心理的疗愈；通过对角色的内在体验、身体的动态表达，幼儿精神活动得以复苏，并获得精神的满足与提升，这是对幼儿生命的高度滋养；通过生活中的细致观察将角色更真实生动地呈现，是认知发展，更是源于生活的创造力绽放。通过观摩，教师更加了解戏剧教育的价值，这充分激发了教师对戏剧教育活动的持续热情。

每次外出观摩后，我园教师都会整理自己的思路，将自己的见解和专家的

点评进行分析比较，认真总结与反思，并结合班级工作实际与同伴进行分享碰撞，汲取他人之长，创造性地尝试，不断积累戏剧活动经验。

### 2. 专家讲座

我园在开展戏剧教育的实践中，通过外出观摩开展戏剧教育的幼儿园和参加教师戏剧工作坊，借鉴优秀的戏剧教育理念或先进成熟的戏剧课程模式，以它们为基础构筑戏剧课程框架。但随着课程的推进、新理念的介入、新模式的冲击，教师的传统观念被打破，由于缺乏系统的戏剧教育培训体系，教师对戏剧课程的开发和研究常常会感到迷茫。因此，教师需要厘清戏剧教育的概念，通过参加专家讲座等方式，用正确的观念指导戏剧教学实践活动。

聆听专家讲座之后，我们发现戏剧教育是一个综合活动，而不是分科教学，戏剧课程可以是单一的戏剧活动，也可以是主题式的活动。戏剧主题式的活动又可以分为导入活动、戏剧表达、戏剧创作和戏剧表演四个阶段，这四个阶段融合了《3—6岁儿童学习与发展指南》中所提到的健康、科学、社会、语言、艺术等五大领域的知识。教师通过主题式的活动，以幼儿的兴趣为支撑，由浅至深、连贯地向幼儿潜移默化地传授知识。

戏剧表演不再是过去认为的儿童剧舞台表演活动，也不再是剧本先行，而是角色先行。幼儿在特定的情境中扮演角色，通过角色互动产生对话和故事情节。表演的场景也不再是传统的"镜框式舞台"，而是教师与幼儿认为适宜的任何空间，如室内、走廊、户外，教师、幼儿、家长共同建构环境剧场，幼儿表演时可以在不同的场景中根据故事情节自由活动，在自由、开放、立体的空间创作属于自己的戏剧。

同时，我们发现戏剧活动并不完全依靠教师运用戏剧张力、入戏营造戏剧氛围、用夸张的角色扮演带动幼儿进行对角色的塑造和思考，而是在特定的情境中以幼儿为主体，不断建构戏剧经验的过程。在特定的情境中包含了在哪里、谁、做什么、有怎么样的问题，这其中有角色的象征、戏剧的张力，最主要的是有戏剧冲突，因为没有冲突就没有戏剧。这一认知的改变让教师不再认为自己没有戏剧表演天赋就不能办好戏剧活动，而是敢于尝试，和幼儿共同建构戏剧课程。

我们进一步厘清了戏剧与绘本的区别与联系。在绘本阅读中，绘本是故

事，是以图片和文字作为符号表述故事意义和作者思想的图画书；而在戏剧中，绘本是叙事，里面的故事是真实发生的，里面的文字和图画是独白和对话。读者通过对独白和对话的解读，理解绘本所传递的核心价值。著名的戏剧教育家乔纳森·尼兰德兹认为，戏剧引领儿童进入了故事花园，儿童在"扮演"中重新建构符号、图像和叙事顺序，重新检视与体验故事的含义，在叙事中玩味，并且不断反思，既理解故事的可能性，又理解创作故事的艺术形式。通过聆听专家讲座，我们理解了这句话。

专家讲座让我们对戏剧教育有了更深层次的理解，知道了戏剧课程发展的方向，也让我们从传统的以教师为主导的教育有意识地转为以儿童为中心的教育，教师对开展戏剧活动的热情也因聆听专家的讲座被不断点燃。

### 3. 书籍阅读

除了接受专家开展的理论培训外，幼儿园也会根据课程实施涉及的方面和存在的问题寻找相关的书籍，通过共读专业书籍解决问题，使阅读成为改变教师教育观念、课程理念的有效途径。

为了鼓励教师主动阅读，我们每个学期开学初都会进行读书倡议，进行不同形式的读书启动仪式，激发教师读书的热情。例如，在读书启动仪式上，开展"开卷是否有益"的辩论赛，朗诵《读书美》和《青春作伴，读书正好》；和好书推荐，教师畅谈读书感想，共同宣读"读书倡议书"，等等。至此，一个学期的共读专业书正式拉开了序幕。

读什么？怎么读？在戏剧方面，我们选择了薇薇安·嘉辛·佩利的《游戏是孩子的功课：幻想游戏的重要性》和张金梅的《学前儿童戏剧教育》这两本书作为我们的共读专业书。除了戏剧专业书籍外，幼儿园还会根据教师工作过程中的问题罗列一份阅读书单，通过集体共读、小组分享、专家领读、线上研读等多种方式，让教师在一定时间内通过集体阅读了解更多的教育理论及信息，从而改变自己的教育观念和行为，并为开展戏剧课程实践储备更多的知识。

### 4. 研讨辩论

戏剧课程建构所涉及的理论对于长期在一线从事教育工作的教师而言是一种陌生的、新鲜的、具有挑战性的东西，如果在实践前不对这些理论进行深入、细致的剖析，用正确的理念、原理指导戏剧课程实践，那么戏剧教育课程的道路就很容易走不下去或走歪路。所以，在戏剧课程开展前或开展过程中，我们会运用世界咖啡式教研、深度会谈、辩论式研讨、教研工作坊等方式对教师进行职前培训和对问题进行推进。

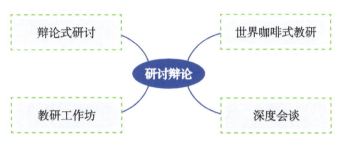

图7-1　研讨辩论内容

通过研讨辩论，我们要厘清戏剧教育的概念。戏剧教育包括戏剧、教育和戏剧教育三个方面，这也说明戏剧教育是一门跨学科的融合教育形式。我们还要了解戏剧教育的一些知识点，明确戏剧教育"是什么"和"为什么"。其中，"是什么"要求我们需要明确戏剧教育的范式，包括创造性戏剧、戏剧教育、教育戏剧、过程性戏剧、生长戏剧等。这些范式的来源不同，翻译方式不同，并各自带有厚重的欧美思想背景。进行溯源并了解其基本的概念和现状后，我们才能更好地组织和实施戏剧教育，并不断理解和建构本园的生长戏剧范式。

经过外出观摩、专家讲座、书籍阅读、研讨辩论等学习培训之后，教师有了戏剧教育的理论知识，以"教师为中心"的教育观念也有了比较大的转变，在课程中开始践行"以儿童为中心"的教育理念，相信幼儿的自主学习能力，以开放的态度接纳幼儿。

但在戏剧教育的实践研究过程中，戏剧教育的理论知识很难完全落地，因为教师对戏剧教育的实施方法的了解不够深入，不能灵活运用戏剧教育的方法策略组织和推进幼儿的学习活动。因此，解决教师的实践方法问题也就成了园本培训的重点工作。

### （二）解决教师的实践方法问题

#### 1. 拓展教师戏剧游戏指导策略

拓展教师戏剧游戏指导策略的途径有四个。

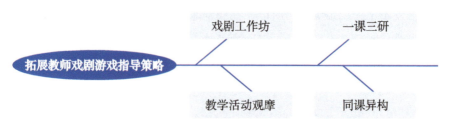

图7-2 拓展教师戏剧游戏指导策略的途径

（1）戏剧工作坊。

戏剧工作坊的导师可以是戏剧专家，但更多的是本园参加过戏剧导师培训的教师。教师在戏剧工作坊中先成为幼儿，通过体验式教学、真实戏剧活动实践，亲身体验、直接感受戏剧活动的组织和指导方法。戏剧工作坊的培训内容分为四部分：一是戏剧游戏，二是戏剧策略，三是戏剧教案的编写，四是戏剧主题课程的设计。对于这四部分内容，教师虽然通过理论培训能快速清楚地了解，但对于在实践中怎么有效地开展还是比较迷茫的。因此，戏剧工作坊的重点在于解决应用落地问题。

戏剧导师带领我园教师玩戏剧游戏，展示戏剧课例，并引导他们从不同角度思考、升华、总结戏剧游戏课程中遇到的问题，用细节帮助他们获得解决活动中可能出现问题的技巧。例如，如何根据戏剧活动的情况调节戏剧的难易度，如何评价才是有效的，游戏如何做到动静结合。通过培训，我园教师知道了如何用前文本来激发幼儿的好奇心和兴趣，知道了如何通过情景和道具的建构让绘本更具立体化和趣味性，了解了一节戏剧活动如何与幼儿的学习、生活经验相结合，如何从最小的片段引导幼儿逐步进行戏剧呈现。

在戏剧工作坊中，教师通过参与式学习更加了解戏剧策略方法的运用，知道戏剧的学习有多种形式，以及各种戏剧策略要融会贯通。通过参与戏剧工作坊，教师知道观察敏感度、反应能力很重要，可以根据故事情节的需要或者幼儿的状态去不断调整戏剧活动的气氛，提高幼儿的学习兴趣。

在戏剧活动设计方面，导师引导教师对绘本进行解构，进而通过不一样的形式开展戏剧绘本教学，突破了教师惯有的绘本教学模式，生动地运用了坐针毡、教师旁白默剧、故事创编等形式，使戏剧活动生动而有趣。参与的教师通过工作坊亲身体验，进一步了解了绘本、故事中的人物形象、情感表达、价值观取向……通过此类教学形式，教师可以充分表达自我，通过肢体动作释放自我，同时内心情感得到了充分发挥。

戏剧教育如何渗透在幼儿的一日生活中，如何更好地与五大领域相结合，如何解决预设与生成的关系，这些是我们一直在思考的问题。在戏剧工作坊中，专家和我园教师共同设计主题课程网络图。通过主题网络图，教师要厘清课程开展的内容和主要发展脉络，了解各主题的内容和形式，并提出可行的建议。集合大家智慧的主题预设方案才能更有效地开展，才能真正推动幼儿的发展。但戏剧主题是一个生成活动，在主题活动过程中，教师要根据幼儿的兴趣调整先前预设的方案，所以在设计主题网络图时，教师学会了留白。主题课程结束后，教师与幼儿共同建构的课程主题网络图才是最终的课程。

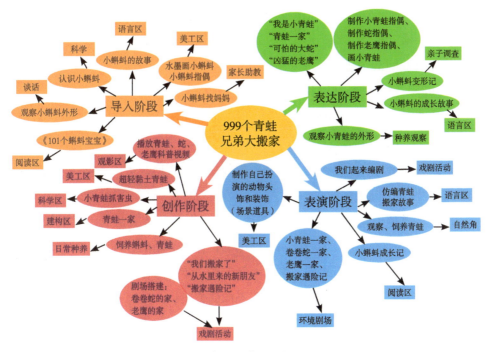

图7-3　"999个青蛙兄弟大搬家"主题网络图

（2）教学活动观摩。

戏剧教学模式一般是在借鉴的基础上发展而成的，但在实施过程中，会存在教师是否真正理解其课程理念，是否了解本班幼儿的特点和认知水平的变

化、教师行为、教师与幼儿的互动是否有效等一系列问题。其中，现场教学诊断和录像分析法是我园解决这类问题的主要方法。

现场教学诊断指我园教师一起观摩教学活动，发现、整理、分析课程实施现场出现的问题，并在活动结束后，结合具体的教学问题，根据具体活动情境为教师提供更有针对性的指导策略，使教师对问题产生感性认识，反思自己实施的课程、自己的具体教学行为，然后在后续的实践中进行调整和改进。在教学现场诊断中，既有与专家的互动、对话，也有同伴之间的交流。通过该活动，教师的理论与实践相结合的能力、教学反思能力等都得到了很大的提升。

录像分析法其实与现场教学诊断有相同之处，都是对教师的教学活动进行分析，不同的是录像可以让画面或情节重复呈现，因此，在分析时更灵活方便，也更有针对性。教师在观看录像感知了解戏剧教学活动时，反复对重点片段回顾观看、点评分析，从而提升实施课程的能力。

（3）一课三研。

教师对戏剧活动已经积累了初步的经验，但要怎样才能设计和上好一节戏剧活动课，根据《3—6岁儿童学习与发展指南》把五大领域渗透到戏剧活动中，使幼儿得到最大限度的发展呢？我们通过"研讨—观摩—实践—再研讨—再实践"来提升教师的戏剧教育专业水平。

以大班戏剧活动"我爸爸"为例，教师扎扎实实地亲历了一场深入的自我发展之路。

首先，教师根据绘本《我爸爸》编写出戏剧活动教案初稿，然后教研组对教案的初稿进行讨论，进一步明确活动的目标、活动的各环节。在研讨中，活动的暖身游戏出现了不同的方案：一是节奏、步行及停止动作，二是角色扮演。在主题环节中，角色扮演也出现了不同的方案：一是同一组的幼儿合作扮演一个爸爸，不同幼儿扮演爸爸的不同特征；二是同一组的幼儿一起扮演爸爸的一个特征。为了看哪一种方案更能激发幼儿的兴趣，更好地达成教学目标，对幼儿的发展更有帮助，我们推选了两位教师来开展不同教案的戏剧活动"我爸爸"，其他的教师进行观摩。经过实践观摩，我们发现暖身活动用节奏、步行及停止动作的方案更能激发幼儿的兴趣，在主题环节的角色扮演中两个方案都可行，但同一组的幼儿合作扮演一个爸爸，每个幼儿扮演爸爸的不同特征更能展现不同幼儿的经验和思想。于是教师修改了教案，并再次进行实践。

通过再次实践教师发现：幼儿在讲述自己的爸爸时不能完整地介绍，只是想到什么说什么，缺乏讲述的条理性。另外，教师也发现活动的环节很多，整个活动过程时间太长，"角色扮演"和"墙上的角色"的内容是平行的，难度没有增加。于是，教师对活动的教案进行第三次研讨修改，将目标的第二点改为：能有条理完整地介绍自己爸爸的外形特征、职业、爱好，删掉了"角色扮演"这个环节，保留"墙上的角色"这个环节。

在整个研讨过程中，教师之间相互交流、相互合作，取长补短，共同努力完成工作。这有利于教师综合素质的培养、提高，从而促进教师形成完整、敏锐的课程意识。

（4）同课异构。

以绘本为题材的戏剧活动与绘本教学之间的联系和区别在哪里呢？针对这一问题，我们采用了同课异构的教研方式，采用同一本绘本，由不同教师根据自己对绘本内容的理解分别设计绘本教学活动和单一的绘本戏剧活动，设计的教案再由教研组集中研讨、资源共享、优势互补。在同课异构中，教师明白了绘本教学的目标更倾向于发展幼儿的观察能力、语言表达能力，而绘本戏剧活动强调幼儿迁移生活经验，通过主题讨论、角色扮演等形式，通过多感官通道，特别是肢体动作来感受与表达对绘本主题的理解。

同课异构的教研活动让我们清楚地看到教师对同一绘本内容的不同处理、采用不同教学策略所产生的不同教学效果，由此打开了教师的教学思路，彰显了教师教学个性，真正体现了我园教师资源共享、优势互补、共同成长的过程。

## 2. 提升教师对幼儿的观察能力和记录分析能力

教师在戏剧游戏和戏剧主题的环境剧场中会发现有些幼儿的戏剧角色不凸显、故事情节单一。但如何指导幼儿的戏剧游戏？观察什么？如何观察？观察后如何分析和如何支持幼儿？有些教师对这些问题感到迷茫。因此，教研组通过案例研讨、游戏观察解读的方式提升教师对幼儿观察、记录和分析的能力。

图7-4 提升教师观察、解读幼儿能力的途径

在案例研讨中，教师针对一个戏剧游戏，围绕其存在的问题展开分析，如幼儿在干什么？其行为涉及什么经验？其行为涉及的经验水平如何？有无推进发展的可能性？等等。在分析中寻找相关的教育理论支撑自己的观点，既学习分析问题又学习有关理论知识，解决教师为什么要观察、怎么观察的问题。观察后，为了便于教师分析，我们制订了观察记录表。

表7-1 戏剧游戏观察记录表

| 标题 | | | | | |
|---|---|---|---|---|---|
| 观摩日期 | | 观察时长 | | 记录时长 | |
| 游戏材料 | | | 观察对象 | | |
| 描述： | | | | | |
| 分析： | | | | | |
| 支持： | | | | | |

　　游戏观察解读可以快速提升教师理论联系实践，观察、分析和回应幼儿戏剧游戏的能力。在教研活动开展前一周，由教研主持人将教研方案发给教师，提醒教师提前做好准备，学习相关的理论知识。在教研活动中，教师现场观察幼儿的戏剧游戏，用文字、照片或视频的方式记录幼儿在戏剧游戏中的行为表现。观察后，教师根据自己的观察，结合理论知识进行分析，并说明回应的策略，最后以PPT的形式向参与教研的教师分享游戏观察与行为解读策略。参与教研的教师则对其分享的策略进行点评。

　　我园教师在幼儿进行戏剧游戏时，会观察和分析幼儿的戏剧主题发起动机、情节内容、角色意识、角色认知、替代物的使用、游戏情节的变化、游戏冲突的解决、合作行为、规则、语言、情绪表现等，并运用多元智能、深度学习等理论知识支撑对幼儿行为的分析和支持幼儿游戏的策略。

### 3. 加强教师对绘本的理解、解读能力

　　（1）绘本解读。

　　在设计绘本戏剧教案时，教师能否让幼儿感受、理解、表达对绘本主题，取决于教师对绘本主题的理解和解读。为了解决教师对绘本的解读和理解停留于表面，不能深入理解这一问题，我们通过世界咖啡式的教研进行绘本解读。每组从观察封面、封底、蝴蝶页、图文关系等阅读策略出发，对绘本进行解读和分析。

　　通过绘本解读教研活动，我园教师一致认为解读绘本首先要学会读图，从幼儿的角度观察绘本中的人物及其动作、背景，关注情境变化，将之串联起来并理解故事情节，观察图画中的细节，让绘本中的人物"站"起来说话，尊重图画所要表达的主旨。在设计戏剧活动和戏剧主题课程时，还要根据幼儿的生活经验、认知水平来制订活动目标，选择适合的绘本故事内容。同一本绘本隐含着很多的教育价值，需要教师挖掘并找到切合幼儿年龄特点和发展的教育价值。

　　（2）绘本读书会。

　　在绘本戏剧开展的实践中，我们发现教师对绘本内容的选择面比较窄，原因是教师对绘本的关注度和阅读量并不够，只局限于投放在班级里的绘本。为了提高教师对绘本的关注度，增加教师的绘本阅读量，我们定期组织开展绘本

读书会，对同一位作者的主要绘本作品分组进行解读和分析，然后各组轮流进行展示，呈现的方式也各有特色。例如，一人演绎绘本，一人解析作品，并呈现讨论内容；用戏剧的方式演绎绘本的主题内容；等等。

（3）我讲故事给你听。

为了提升教师讲故事的技能、增加教师的绘本阅读量，我园利用每天晨会10分钟的时间进行"我讲故事给你听"的活动，教师每天轮流讲绘本故事或分享幼儿的游戏故事。

分享绘本故事的教师需要事先阅读和理解绘本内容、组织好语言、处理好讲故事的情绪情感，如根据故事情节哪些地方需要适当转变声音的轻重缓急，在有悬念的地方用疑惑的语气、在紧张的关头用焦急的语气等，在讲述过程中尽可能丰富面部表情和肢体语言。在讲故事的时候，应避免一口气把情节和结局讲完，因为儿童绘本故事往往具有惊奇的特点，能大大引起幼儿的好奇心和想象力，所以在讲故事的时候需要适时停顿，看看幼儿的反应，问问他们接下来会发生什么。

讲述绘本故事，教师除了可以用声音和肢体语言以外，还能借助其他教具让故事变得更加丰富多彩。比如，在讲述绘本故事《鳄鱼爱上长颈鹿》时，王萍园长借助玩偶展示绘本内容，为教师示范。其他讲述者使用与绘本主题相关的手偶，并播放适宜的背景音乐，如讲森林时使用大自然的纯音乐等。

图7-5　王萍园长借助玩偶展示绘本《鳄鱼爱上长颈鹿》的内容

图7-6　两位教师合作利用杆子偶演绎绘本故事《神奇种子店》

图7-7　教师利用围裙偶演绎绘本故事《神奇种子店》续集

图7-8　教师利用生活中常见的物件演绎经典故事《小红帽》

在故事分享活动中，教师精神饱满、热情洋溢，他们抑扬顿挫的语言、丰富的感情和生动的肢体动作，把故事情景活灵活现地展现在大家面前。分享的教师既紧张又兴奋，故事分享活动既考验了教师临场发挥的能力，又提升了他们在语言表达方面的技能与技巧。故事分享活动后，教师从语言表达、表现技巧、绘本主题等几个方面进行了评价和感想发言，为讲述的教师提出了可行的意见和建议。

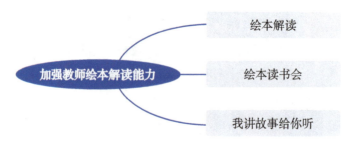

图7-9　加强教师绘本解读能力的途径与方法

## 三、园本教研评价

（1）园本教研效果实践反馈。

表7-2　戏剧教学园本教研效果实践反馈表

| 观察时间 | | 观察地点 | | | | |
|---|---|---|---|---|---|---|
| 观察对象 | | 记录者 | | | | |
| 评价项目 | 评价指标 | 评价等级 | | | | 备注 |
| | | 优 | 良 | 中 | 差 | |
| 活动目标 | 1.戏剧教学目标明确、逻辑清晰 | | | | | |
| | 2.符合幼儿的年龄特点 | | | | | |
| | 3.落实三维目标 | | | | | |
| 戏剧活动过程　教师 | 1.暖身游戏导入自然，基于幼儿原有经验，善于激发幼儿兴趣、调动幼儿积极性 | | | | | |
| | 2.过程完整、环节清晰、突出重点、过渡自然 | | | | | |
| | 3.氛围融洽，教师与幼儿、幼儿与幼儿间积极互动 | | | | | |
| | 4.注重幼儿学习品质的提高、思维方式的培养，有助于幼儿分析、探究、解决问题能力的提高 | | | | | |
| | 5.用提问引发幼儿深入思考，促进幼儿认知发展 | | | | | |
| | 6.能关注到个别幼儿的需求，并做出相应的回应 | | | | | |
| | 7.能让幼儿明晰活动目标 | | | | | |
| | 8.能用高级词汇丰富幼儿的语言、提炼概括幼儿的观点 | | | | | |
| | 9.提供的材料能激发幼儿探究的兴趣 | | | | | |
| | 10.活动方式恰当，能满足幼儿直接感知、实际操作、亲身体验的需要 | | | | | |
| 戏剧活动效果　幼儿 | 1.幼儿表现积极、活跃，愿意参与到活动中 | | | | | |
| | 2.幼儿能充分与环境和材料互动 | | | | | |
| | 3.幼儿有自主学习和合作探究的机会 | | | | | |
| | 4.幼儿可以充分发表自己的见解 | | | | | |
| | 5.幼儿注意力集中，思维活跃，学习积极性高 | | | | | |
| | 6.幼儿能对教师讲授的重点内容有深刻印象，能理解或掌握大部分内容 | | | | | |
| | 7.达到活动预期目标 | | | | | |

表7-3　戏剧游戏观察园本教研效果实践反馈表

| 观察时间 | | 观察地点 | | | | | |
|---|---|---|---|---|---|---|---|
| 观察对象 | | 记录者 | | | | | |
| 评价项目 | 评价指标 | 评价等级 | | | | | 备注 |
| | | 优 | 良 | 中 | 差 | | |
| 观察 | 1.是否观察到幼儿已有的戏剧经验和发展过程 | | | | | | |
| | 2.是否关注了幼儿戏剧游戏特有的水平和戏剧游戏促进幼儿终身发展的必要经验 | | | | | | |
| | 3.是否关注了人、环境与幼儿的关系 | | | | | | |
| | 4.是否关注了儿童戏剧游戏（学习）的动机和幼儿关心的问题 | | | | | | |
| | 5.是否客观、全面观察、关注了幼儿的需要与情绪 | | | | | | |
| | 6.是否适宜地进行了广角观察与聚焦观察 | | | | | | |
| 评价 | 1.是否有理有据地评价了幼儿学习与发展过程 | | | | | | |
| | 2.是否适宜地评价了幼儿游戏水平和典型行为 | | | | | | |
| | 3.是否适宜地评价了人、环境与幼儿的关系 | | | | | | |
| | 4.是否发现了儿童戏剧游戏（学习）的动机和幼儿关心的问题 | | | | | | |
| | 5.是否适宜地为幼儿提供了情绪价值 | | | | | | |
| | 6.是否适宜地分析了儿童戏剧行为背后的原因 | | | | | | |
| 支持 | 1.有效的教师与幼儿的互动 | | | | | | |
| | 2.有效的提问 | | | | | | |
| | 3.创设适宜的戏剧环境 | | | | | | |
| | 4.戏剧材料的支持 | | | | | | |
| | 5.戏剧情感方面的支持 | | | | | | |
| | 6.支持幼儿戏剧游戏水平提升的有效性 | | | | | | |
| 反思 | 对自己的评价是否客观，是否全面观察幼儿的戏剧游戏行为 | | | | | | |

（2）园本培训效果实践反馈。

表7-4 园本培训效果评价表

| 培训时间 | | 培训地点 | | | | |
|---|---|---|---|---|---|---|
| 培训形式 | | 主持人 | | | | |
| 评价项目 | 评价指标 | 评价等级 | | | | 备注 |
| | | 优 | 良 | 中 | 差 | |
| 活动主题 | 1.活动主题、教师需求及戏剧教学实际的关联程度如何 | | | | | |
| | 2.活动主题是否具有典型性、普遍性 | | | | | |
| | 3.活动主题是否对提高戏剧教学效益有贡献 | | | | | |
| 方案设计 | 1.方案设计是否切实可行 | | | | | |
| | 2.流程设计是否合理，方案是否完备 | | | | | |
| | 3.方案设计是否有特色，有无创新性 | | | | | |
| 实施过程 | 1.教师参与度如何 | | | | | |
| | 2.互动交流气氛如何 | | | | | |
| | 3.理论与实践结合度如何 | | | | | |
| | 4.与研讨主题相关的资源利用率如何 | | | | | |
| 活动效果 | 1.达成共识的程度如何 | | | | | |
| | 2.行为改进或问题解决程度如何 | | | | | |
| | 3.有无有价值的生成性问题产生 | | | | | |
| | 4.参与培训者是否确实感到有收获 | | | | | |

综合看来，教师的专业成长主要体现在：①制订目标的能力；②选择题材的能力；③梳理搭建故事脉络的能力；④组织和实施的能力；⑤评价的能力。为了帮助教师发展这些能力，我园在园本教研和培训的过程中，大致总结出戏剧课程发展的过程，即感受、理解、应用和反思四个阶段，而教师的园本培训和专业成长也始终贯串这四个阶段，并不断循环上升。培训的方式和内容也是相互渗透和多元的。幼儿园开展的教师培训可以分为解决教师的教育观念问题和解决教师的实践方法问题两种。在解决教师的教育观念问题上，主要通过外出学习、专家讲座、书籍阅读、研讨辩论的方式转变教师的教育理念；在解决教师的实践方法问题上，则主要通过戏剧工作坊、教学活动观摩、一课三研、

同课异构来拓展教师戏剧游戏指导策略，通过案例研讨、游戏观察解读来提升教师对幼儿的观察能力和记录能力，通过绘本解读、绘本读书会、"我讲故事给你听"来加强教师对绘本的理解、解读能力。

实际上，教育观念和实践方法是相辅相成、相互影响和相互渗透的，观念影响行动方法，而行动体验和应用方法也会不断调整、补充或重建。幼儿园需要双管齐下，通过园本教研和培训架设理论和实践相互连接的桥梁，如此才能真正帮助每位教师走上自主专业发展的道路，实现幼儿园的可持续发展。